DE TI PARA TI:
LA LLAVE SIEMPRE ESTUVO DENTRO

Ismael González Dos Reis Pereira

DE TI PARA TI:
LA LLAVE SIEMPRE ESTUVO DENTRO

Primera edición: enero 2026

EDITA:
Editamás, editorial y contenidos digitales

DEPÓSITO LEGAL:
BA-000033-2026

ISBN:
979-13-990544-9-1

MAQUETACIÓN, IMPRESIÓN Y PEDIDOS:
www.editamas.es
924 18 07 91

ÍNDICE

INTRODUCCIÓN

Este no es un libro que nació para ser leído.

Nació para ser vivido.

Nació de noches en las que no sabías quién eras,

de días en los que sostenías demasiado,

de silencios que pesaban más que las palabras,

y de una verdad incómoda que llevabas tiempo evitando:

te necesitabas a ti.

No a la gente que se fue.

No a la que se quedó a medias.

No a la versión que fingías.

No a la fuerza que aparentabas.

A ti.

Completo.

Honesto.

Real.

Este libro nace del cansancio de sobrevivir,

de la frustración de sentirte perdido,

de la mente que no callaba,

y de las ganas profundas de construir una vida que te haga sentir vivo por dentro

y no solo ocupado por fuera.

No es un manual de autoayuda.

No es una recopilación de frases bonitas.

No es una guía perfecta.

Yo no soy un gurú.

Y no pretendo serlo.

Este libro es una conversación.

Una que tal vez postergaste demasiado.

Una que tenías pendiente contigo.

Una que te devuelve al origen de todo: tú.

Aquí no vas a encontrar magia,

pero sí vas a encontrar verdad.

No vas a encontrar fórmulas,

pero sí caminos.

No vas a encontrar promesas vacías,

pero sí decisiones que cambian vidas.

La tuya, si te atreves.

Este libro está dividido en partes, pero todas llevan al mismo lugar:

a que te escuches,

a que te entiendas,

a que te sostengas,

a que te reconstruyas,

a que te elijas.

Porque nadie va a hacerlo por ti.

Porque nadie puede caminar dentro de tu mente,

ni equilibrar tus sombras,

ni darle orden a tu caos,

ni devolverte la fuerza que abandonaste un día sin darte cuenta.

Ese trabajo es tuyo.

Y este libro es el acompañante.

No esperes que te diga quién debes ser.

No esperes que te dé permiso para cambiar.

No esperes que te diga que va a ser fácil.

Tampoco esperes que te juzgue.

Este libro no pretende salvarte.

Pretende despertarte.

A veces con cariño.

A veces con crudeza.

A veces con una frase que te sostenga.

A veces con una verdad que te sacuda.

Porque lo que estás buscando fuera,

lo que llevas años persiguiendo,

lo que crees que te falta…

empieza y termina en ti.

Si estás aquí, es por algo.

Si abriste este libro, es por algo.

Si sigues leyendo, es porque una parte de ti ya sabe que es hora.

Hora de volver.

Hora de mirarte sin disfraz.

Hora de avanzar sin pedir permiso.

Hora de ser quien viniste a ser.

Este no es un libro para leer rápido.

Es un libro para sentir.

Para cuestionar.

Para detenerte.

Para volver.

Bienvenido.

Empezamos.

De ti para ti.

PARTE I
EL DESPERTAR

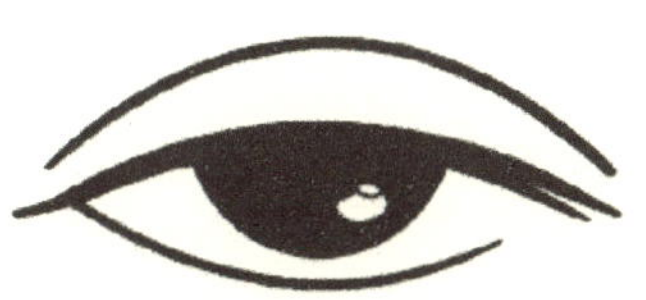

INTRODUCCIÓN A LA PARTE I
EL DESPERTAR

Hay momentos en la vida que no vienen anunciados.

No empiezan con un portazo, ni con un "hasta aquí", ni con una fecha marcada en el calendario.

Empiezan por dentro. En silencio.

A veces el despertar no es una revelación, sino un cansancio. Un cansancio del alma.

Una sensación que te susurra: **"Así ya no. Por ahí ya no. Esto ya no eres."**

No siempre sabes qué te falta. Solo sabes que algo no encaja. Que no estás en el lugar correcto.

Que vives, sí... pero de una forma que no te pertenece.

El despertar es ese segundo en el que te das cuenta de que no puedes seguir huyendo de ti.

Es un pequeño temblor interno, casi imperceptible, pero suficiente para que algo dentro de ti diga:

"Tengo que cambiar."

Cambiar no es empezar de cero. Cambiar es empezar por dentro.

No necesitas tener claras las respuestas. Solo necesitas atreverte a mirar. A abrir los ojos.

A volver a ti después de tanto tiempo lejos.

En esta primera parte no busco que te transformes. Solo quiero que te escuches. Que observes quién eres hoy

y quién te gustaría ser mañana. Que te des permiso para cuestionar, para sentir, para reconocer lo que duele y lo que falta.

Porque el despertar no es un acto heroico. Es un acto honesto.

Y la honestidad —contigo mismo— es siempre el primer paso hacia cualquier cambio real.

Aquí empieza el camino. Tu camino. No el que te enseñaron, ni el que esperan de ti, ni el que crees que "deberías" seguir.

El camino que nace al volver a mirarte sin miedo.

Bienvenido a tu despertar.

CAPÍTULO 1
LA DECISIÓN DE CAMBIAR

Cambiar no empieza con un plan.

Empieza con un punto.

Un punto en el que ya no puedes seguir igual.

A veces llega como un susurro.

A veces como un golpe.

A veces como un vacío que se te instala en el pecho.

Pero siempre es lo mismo: un límite.

El cambio no nace del entusiasmo ni de la motivación repentina.

Nace cuando te miras de frente y te dices la verdad.

La tuya.

La que te cuesta admitir.

La que llevas demasiado tiempo callando.

Porque lo que callas también pesa.

Y pesa tanto... que un día empieza a romperte por dentro.

Cambiar no es decorar tu vida.

Es reconstruirte desde dentro.

El instante en que decides cambiar

Hay un momento —tan pequeño que casi pasa desapercibido— en el que algo dentro de ti hace clic.

No lo decides tú. Lo decide tu alma.

Y murmura:

"Ya no puedo seguir así."

Ese instante es íntimo y poderoso.

Nace del cansancio emocional de sostener una vida que ya no vibra contigo.

A veces no es cansancio físico...

es cansancio emocional de sostener una vida que ya no encaja contigo.

Ese cansancio es la señal.

El "hasta aquí".

El comienzo real del cambio.

La decisión no soluciona nada por sí misma.

Pero lo cambia todo.

Porque cambiar no es fácil...

pero seguir igual duele más.

No hace falta saber cómo. Hace falta saber que sí.

La mayoría no cambia porque no sabe por dónde empezar.

Pero nadie sabe.

Se empieza donde estás.

Con lo que tienes.

Como puedes.

Cambiar no es tener claridad.

Es tener dirección.

El "cómo" llega después.

El "sí" empieza ahora.

La incomodidad: la semilla del cambio

La comodidad no cambia nada.

La incomodidad lo cambia todo.

Cuando estás cómodo, te duermes.

Cuando estás incómodo, despiertas.

La incomodidad es el empujón que a veces necesitas para recordar que no estás hecho para sobrevivir en automático, sino para vivir despierto.

Y recuerda:

un mal día para el ego puede ser un gran día para tu alma.

Porque la incomodidad revela lo que ya no encaja contigo.

Es la señal de que has crecido...

y de que tu vida te está pidiendo que crezcas también.

Lo que te trajo hasta aquí no te llevará más lejos

Hay versiones de ti que un día fueron necesarias.

Te sostuvieron.

Te protegieron.

Te ayudaron a sobrevivir.

Pero toda versión tiene fecha de caducidad.

Lo que ayer te salvó, hoy te limita.

Lo que ayer fue refugio, hoy es jaula.

Lo que ayer te mantenía en pie, hoy te impide avanzar.

No es que estés perdido...

es que estás empezando a despertar.

Ese despertar duele.

Pero libera.

Y aquí nace lo que en Japón llaman **Henko**:

un cambio tan profundo que nunca te permite volver a tu versión anterior.

Elegir cambiar es elegirte a ti

Cuando decides cambiar, estás diciendo:

– "Quiero tratarme con más respeto."

– "Quiero una vida donde yo también quepa."

– "Quiero dejar de justificar lo que me duele."

– "Quiero recuperarme."

– "Quiero volver a mí."

Cambiar no es traicionarte.

Es dejar de traicionarte.

Cambiar no es convertirte en alguien nuevo.

Es recordarte.

MICROFÁBULA: EL HOMBRE QUE ESPERABA SENTIRSE PREPARADO

Un hombre llevaba años sentado en el mismo banco de un parque.

Cada día decía:

—Mañana empiezo.

Mañana cambio.

Mañana me elijo.

Un anciano, al verlo tantas veces, se sentó a su lado y preguntó:

—¿Qué esperas?

—A sentirme preparado —respondió el hombre.

El anciano sonrió con una tristeza suave:

—Llevo toda mi vida esperando sentirme joven otra vez.

Y todavía no ha pasado.

El hombre entendió algo simple:

No cambias cuando estás preparado.

Cambias cuando estás decidido.

Ese día... se levantó del banco.

El verdadero miedo no es cambiar. Es quedarte igual.

Cambiar da vértigo.

Pero quedarte donde ya no perteneces te rompe por dentro.

Cuando la vida quiere que avances, insiste.

A veces susurra.

A veces empuja.

A veces duele.

No es castigo.

Es movimiento.

Primera decisión: volver a ti

Antes de cambiar hábitos, relaciones o caminos,

el cambio empieza en un lugar más profundo:

Volver a ti.

A tu verdad.

A tu dignidad.

A tu esencia sin máscaras.

A veces no se trata de añadir cosas a tu vida.

Sino de quitar todo lo que te aleja de ti.

Soltar ideas, voces, miedos y versiones que ya no viven en ti.

Aquí empieza tu historia

No vas a reconstruirte todavía.

Primero vas a despertarte.

A mirarte con honestidad.

A reconocer lo que no funciona.

A tomar pequeñas decisiones valientes.

Porque la vida no cambia cuando todo se ordena.

La vida cambia cuando tú te decides.

Y hoy, aquí, ahora...

tú acabas de decidir.

CAPÍTULO 2
¿ERES FELIZ O SOLO ESTÁS SOBREVIVIENDO?

Hay una pregunta que parece simple, pero que casi nadie se atreve a responder con honestidad:

¿Eres feliz... o solo estás sobreviviendo?

Y no hablo de sonreír en las fotos, ni de tener momentos bonitos, ni de que desde afuera parezca que todo va bien.

Hablo de esa sensación interna que aparece cuando te quedas a solas contigo.

Cuando nadie te mira.

Cuando ya no estás interpretando ningún papel.

Ahí, en ese silencio...

¿qué sientes realmente?

El vacío que sientes no es falta de vida... es falta de ti.

La diferencia invisible entre vivir y sobrevivir

Sobrevivir es:

- despertarte sin ilusión,
- repetir rutinas sin alma,
- hacer lo que "tienes que hacer",
- arrastrarte emocionalmente,

- sentir que la vida se te cae encima,
- estar agotado incluso después de descansar,
- no tener energía para disfrutar, solo para aguantar.

No estás cansado de la vida.

Estás cansado de la vida que no es tuya.

Vivir es otra cosa.

Vivir es:

- tener ganas de algo, aunque sea pequeño,
- sentirte dentro de tu vida, no fuera de ella,
- sentir paz real,
- caminar hacia algún lugar,
- poder respirar sin fingir.

La vida no se mide en años.

La vida no se trata de llenar días

se trata de llenarte tú dentro de ellos.

Sobrevivir no es un fallo. Es un síntoma.

No estás roto por sobrevivir.

No eres débil.

No eres insuficiente.

Cuando sobrevives es porque:

- has aguantado demasiado,
- has dado más de lo que recibiste,
- te exigiste más de la cuenta,

- te tragaste emociones,
- creciste sin herramientas,
- tuviste que ser fuerte antes de tiempo,
- te desconectaste para no sentir.

No estás roto: estás desconectado.

Sobrevivir te protegió.

Pero ahora... ya no te sirve.

¿Por qué fingimos estar bien?

Porque es más fácil decir “estoy bien” que explicar lo que te pasa.

Porque temes que no te entiendan.

Porque no quieres ser “una carga”.

Porque hay gente a la que ya no quieres contarle lo mismo.

Porque te cansaste de esperar que alguien te preguntara cómo estás de verdad.

La mayoría aprende a funcionar.

A cumplir.

A aparentar.

Pero funcionar no es vivir.

Respiras, sí... pero no estás viviendo.

Solo estás aguantando.

Y mereces más que eso.

La felicidad no es euforia. Es paz.

Quizá has buscado la felicidad en lugares equivocados: en logros, en validación, en hacer más, en no parar nunca.

Pero la felicidad real es más tranquila.

No grita.

No presume.

No necesita demostrarse.

La felicidad es:

- sentir paz contigo,
- estar donde debes estar,
- no tener guerras internas,
- dejar de luchar contra ti,
- poder descansar dentro de tu propia vida.

No es adrenalina.

Es equilibrio.

No es ruido.

Es silencio lleno.

No buscas felicidad.

Buscas paz.

El test más honesto para saber si sobrevives o vives

Hazte estas preguntas:

- ¿Cuándo fue la última vez que te sentiste en calma?

- ¿Cuándo fue la última vez que te emocionaste?
- ¿Cuánto hace que no te escuchas?
- ¿Cuánto hace que no haces algo solo por ti?
- ¿Te sientes presente... o en piloto automático?
- ¿Respiras... o suspiras?

Cuando vives en piloto automático, la vida no duele... pero tampoco se siente.

Si te cuesta responder... estás sobreviviendo.

Y la vida no está hecha para ser aguantada.

MICROFÁBULA:
EL JARDÍN APAGADO

Había un hombre que regaba su jardín cada día, pero nunca florecía.

Las plantas estaban vivas... pero apagadas.

Un vecino le preguntó:

—¿Les hablas?

—No —respondió—, con mantenerlas vivas es suficiente.

El vecino sonrió:

—Entonces no quieres un jardín. Solo quieres que no se muera.

El hombre se quedó en silencio.

Entendió que su jardín no necesitaba agua...

necesitaba **presencia.**

Y así estamos muchos:

mantenidos, pero no cuidados.

Respirando, pero no viviendo.

La verdad que cuesta admitir

No te lo enseñaron, pero lo necesitas escuchar:

No es normal sentirse vacío cada día.

No es normal vivir cansado por dentro.

No es normal arrastrarte emocionalmente.

No es normal conformarte con sobrevivir.

Solo lo normalizaste.

Porque el dolor sostenido se vuelve costumbre.
Y lo que se vuelve costumbre... parece vida.
Pero no lo es.

El primer paso para cambiarlo

No necesitas un plan.
Ni motivación.
Ni fuerzas.
Ni claridad.
Solo necesitas decirte la verdad:
"No estoy viviendo. Estoy sobreviviendo.
Y merezco algo mejor."
Ese reconocimiento, aunque duela, es libertad.
Ahí empieza tu despertar real.
Y no lo olvides:
cuando la emoción sube, la inteligencia baja.
Porque...
Prisa mata presencia.
Preocupación mata paz.
Duda mata fe.
Ego mata amor.
Ahora léelo de derecha a izquierda
No empiezas a vivir cuando todo mejora.
Empiezas cuando decides dejar de sobrevivir.
Y tú...
acabas de empezar.

CAPÍTULO 3
TU DIÁLOGO INTERNO

Tu vida está hecha de muchas cosas: decisiones, experiencias, recuerdos, errores, cicatrices...

Pero hay algo que pesa más que todo eso junto: **lo que te dices cuando nadie te escucha.**

Tu diálogo interno.

La voz que vive contigo desde que despiertas hasta que te acuestas.

La voz que interpreta todo lo que haces, piensas y sientes.

La voz que puede levantarte... o destruirte.

Puede ser tu aliada.

O tu más cruel enemiga.

Al final, lo que más determina tu destino es esto:

lo que te dices en silencio pesa más que lo que dices en voz alta.

"Un cazador que grita antes de disparar, regresa a casa con hambre".

La diferencia no está en lo que vives, sino en cómo te hablas cuando lo vives.

La voz que heredaste sin darte cuenta

No naciste hablándote mal.

Aprendiste.

Aprendiste de lo que viste,

de lo que te dijeron,

de lo que esperaban de ti,

de lo que no recibiste,

de lo que tuviste que soportar.

Sin saberlo, absorbiste voces:

voces de la infancia, voces familiares, voces heridas, voces temerosas.

Y un día, sin darte cuenta, esas voces empezaron a sonar como si fueran tuyas.

Pero no lo eran.

Solo se quedaron.

No eres la voz que te castiga.

Esa voz es la suma de exigencias, golpes y silencios.

Y aquí encaja la lección eterna de Marco Aurelio:

"Tu poder está en tu mente. Si algo externo te hiere, no es la cosa en sí, sino tu juicio sobre ella."

Porque incluso tu dolor interno… también es interpretación.

La forma en que te hablas define cómo vives

No es lo mismo decirte:

"Siempre lo hago mal"

que

"Estoy aprendiendo".

No es lo mismo pensar:

"No valgo"

que

"Aún no veo mi valor".

Una palabra cambia una emoción.

Una emoción cambia un día.

Un día cambia un hábito.

Un hábito cambia una vida.

La voz con la que te hablas moldea tu autoestima, tu energía, tu enfoque y tu capacidad para avanzar.

No puedes construir una vida bonita desde una voz que te desprecia.

No puedes tener calma si tu mente te grita.

No puedes creer en ti si cada vez que fallas te castigas.

¿Cómo te hablas realmente?

No cómo dices que te hablas.

No cómo te gustaría hablarte.

No cómo te hablas delante de otros.

¿Cómo te hablas por dentro?

¿Te insultas cuando te equivocas?

¿Te ridiculizas cuando sientes miedo?

¿Te comparas sin piedad?

¿Te exiges lo que nunca exigirías a nadie?

¿Te castigas incluso cuando lo estás pasando mal?

Si tu diálogo interno fuera una persona...

¿querrías tenerla en tu vida?

Y recuerda siempre:

la ofensa no existe sin tu permiso.

A veces no es la vida la que te hiere... sino tu interpretación constante de ella.

La mentira más común: "Así soy yo"

No, no eres así.

Nadie nace hablándose con dureza.

Tu crítica interna no es honestidad:

es dolor disfrazado de exigencia.

Decirte "soy muy duro conmigo" no define tu personalidad.

Define tu herida.

Una herida que pide ser vista, no alimentada.

MICROFÁBULA: LA VOZ DEL ECO

Un joven subió a una montaña y gritó:

"¡No valgo nada!"

La montaña respondió:

"¡No valgo nada!"

El joven gritó:

"¡Siempre fallo!"

La montaña devolvió:

"¡Siempre fallo!"

Confundido, buscó a un anciano del lugar.

—¿Por qué la montaña me insulta? —preguntó.

—La montaña no te insulta —respondió el anciano—.

Solo te devuelve lo que tú le gritas.

Tu mente es igual.

No te ataca: te refleja.

Lo que dices dentro... lo oyes fuera.

MICROFÁBULA: LOS DOS LOBOS

Un anciano Cherokee le dijo a su nieto:

"Dentro de cada persona viven dos lobos que pelean sin descanso.

Uno es oscuro: miedo, ira, culpa, vergüenza, duda, ansiedad.

El otro es luminoso: paz, fuerza, valentía, claridad, amor."

El niño preguntó:

"¿Y cuál gana?"

El anciano respondió:

"El que tú alimentes."

Tu mente funciona igual.

Tienes una voz enemiga y una voz aliada.

Una que te hunde y una que te sostiene.

Una que te destruye y una que te impulsa.

La que termina dominando tu vida es la que alimentas más.

Tu diálogo interno puede salvarte o hundirte

Tu mente puede ser tu refugio... o tu tormenta.

Depende de cómo la habites.

Cuando te hablas con desprecio:

tu energía baja,

tu claridad se nubla,

tu cuerpo se tensa,
te sientes pequeño,
crees que no puedes.
Cuando te hablas con respeto:
tu cuerpo se afloja,
tu mente se calma,
te sientes capaz,
todo se aclara.
No es magia.
Es biología.

La voz enemiga y la voz aliada

La voz enemiga:
te critica,
te aplasta,
exagera tus fallos,
te compara,
te hace sentir insuficiente.
La voz aliada:
te sostiene,
te comprende,
te recuerda tu valor,
te impulsa a crecer.
Ambas viven dentro de ti.
Ambas hablan.
Pero solo una dirige tu camino:

la que tú eliges alimentar.

Y cuando aprendes a observarte sin juicio, aparece otra verdad poderosa:

sé tu propio espectador, busca tu propio aplauso.

La buena noticia

Tu diálogo interno no es definitivo.

No es tu esencia.

No es tu destino.

Es un hábito.

Y todo hábito puede reescribirse.

A partir de aquí empieza ese trabajo:

entrenar tu mente para que se convierta en tu aliada

y dejar de obedecer a la voz que te hiere.

La vida que quieres construir

empieza con la vida que te cuentas dentro de tu cabeza.

Cuando cambias tu voz interna, cambias tu destino.

CAPÍTULO 4
AUTOESTIMA

La palabra "autoestima" se dice mucho.

Se escribe mucho.

Se aconseja mucho.

Pero se entiende muy poco.

La gente cree que autoestima es quererte.

Sonreírte al espejo.

Pensar que eres suficiente.

Repetirte frases bonitas.

Sentirte seguro.

Pero no.

La autoestima no es eso.

La autoestima es la forma en que te tratas cuando nadie te ve.

Es la relación que tienes contigo **cuando fallas**,

cuando dudas,

cuando te decepcionas,

cuando te rechazan,

cuando te rompes.

Ahí, en esos momentos...

ahí está tu autoestima.

Ahí se revela de verdad quién eres contigo mismo.

La autoestima no es un sentimiento. Es un hábito.

La gente se confunde.

Piensa que un día se despertará sintiéndose bien consigo misma.

Como si fuera cuestión de suerte, de humor, o de tener "autoestima alta".

Pero la autoestima no aparece.

La autoestima **se construye**.

Es un hábito hecho de decisiones pequeñas:

- cómo te hablas,
- cómo te cuidas,
- cómo te pones límites,
- cómo te respetas,
- cómo te eliges,
- cómo te sostienes cuando nadie lo hace por ti.

La autoestima no es un estado emocional.

Es una práctica diaria.

Autoestima no es gustarte: es no abandonarte.

Y recuerda algo fundamental:

Si tratas a una persona como es, seguirá siendo lo que es

pero si la tratas como lo que podría ser, se convertirá en lo que puede ser.

Aplícalo a ti:

la forma en que te tratas te convierte.

La herida que nadie te explicó

No tienes baja autoestima porque sí.

Nadie nace sintiéndose "insuficiente".

La autoestima se fue formando:

- en lo que te dijeron,
- en lo que no te dijeron,
- en lo que te faltó,
- en cómo te trataron,
- en lo que permitiste para sobrevivir,
- en cómo te enseñaron a valorarte,
- en cómo te enseñaron a silenciarte.

Cada mala palabra que te dijeron siendo niño

acabó convirtiéndose en una voz dentro de ti.

Cada comparación, cada exigencia, cada desprecio, cada ausencia

se transformó en un pensamiento que hoy repites sin darte cuenta.

No es que no valgas.

Es que te creíste cosas que nunca fueron verdad.

No es autoestima. Es aprendizaje.

Cuando alguien te decía:

- “No eres suficiente”,
- “No sirves”,
- “Siempre fallas”,
- “Molestas”,
- “No esperes demasiado”,
- “No te lo mereces”,

tu mente no filtraba.

Absorbía.

La autoestima no es tu voz.

Es la suma de todas las voces que escuchaste antes de saber defenderte.

Pero la buena noticia es esta:

las voces aprendidas se pueden desaprender.

Y tu voz verdadera puede nacer por primera vez.

¿Cuál es tu diálogo de valor?

Sé honesto contigo:

- ¿Te hablas como hablarías a alguien que quieres?
- ¿O te hablas como te hablaron cuando te hicieron daño?
- ¿Te respetas en privado?
- ¿O te saboteas en silencio?
- ¿Te das segundas oportunidades?
- ¿O te castigas por todo?
- ¿Te eliges o te traicionas para encajar?

Tu valor no desaparece.

Lo que desaparece es tu capacidad de verlo

cuando te hablas desde heridas antiguas.

La autoestima empieza con un permiso: dejar de tratarte mal

No puedes construir una vida sana desde una voz que te envenena.

No puedes avanzar cargando con un juez dentro.

No puedes amar a nadie si te odias en secreto.

La primera decisión no es quererte.

Es **dejar de destruirte**.

No puedes construir amor propio sobre la voz que te destruye.

A partir de ahí… todo empieza a cambiar.

MICROFÁBULA: EL ESPEJO ROTO

Una mujer miraba cada día su reflejo en un espejo viejo y agrietado.

Veía su rostro deformado, su cuerpo torcido, su imagen rota.

Un día, un viajero se detuvo frente a su casa y le preguntó por qué seguía mirándose en un espejo así.

Ella respondió:

"Porque este es el espejo que tengo."

El viajero sonrió con suavidad.

"El problema no eres tú —dijo—.

El problema es que has creído que un espejo roto puede mostrarte completa."

La mujer lloró.

Porque entendió algo que llevaba años sin ver:

lo que te refleja tu pasado no define quién eres hoy.

A veces solo necesitas un espejo nuevo.

Una mirada nueva.

Una voz nueva.

La tuya.

La autoestima no es sentirte perfecto. Es sentirte digno.

No eres autoestima alta.

No eres autoestima baja.

Ni autoestima rota.

Eres **digno**.

Aunque te cueste creerlo.

Aunque nadie te lo haya dicho.

Tu valor no aumenta con elogios

ni disminuye con rechazos.

Tu valor es inherente.

Eres tú.

Y nadie puede quitártelo,

salvo que tú se lo entregues.

El primer acto de autoestima es elegirte

Elegirte cuando estás bien es fácil.

Elegirte cuando estás roto...

eso es autoestima.

Autoestima es:

- decir “no” cuando antes decías “sí” para no perder a nadie,
- retirarte de donde te duele,
- escucharte,
- dejar de mendigar migas de amor,
- no perseguir a quien no te elige,
- poner límites, aunque tiemble la voz,
- merecerte más sin culpa,
- hablarte con respeto, aunque falles,
- cuidarte, aunque estés cansado.

Autoestima es volver a ti.

Una y otra vez.

Hasta que un día... te quedas.

MICROFÁBULA: KINTSUGI

Un maestro artesano japonés tenía un cuenco de barro que un día se rompió.

En lugar de tirarlo, lo reparó aplicando oro líquido para unir cada grieta.

A esa técnica la llamaban **Kintsugi**.

Un aprendiz, sorprendido, preguntó:

"Maestro, ¿por qué no lo repara de forma discreta? ¿Por qué dejar las cicatrices a la vista?"

El maestro respondió:

"Porque las grietas cuentan la historia.

Y lo que te hace valioso no es estar intacto.

Es saber reconstruirte con belleza."

Tu autoestima es igual.

No se trata de no romperte.

Se trata de cómo te vuelves a unir.

De cómo honras tus cicatrices.

De cómo te reconstruyes con dignidad.

Estás aprendiendo a tratarte con la dignidad que siempre mereciste

No es tarde.

Nunca es tarde.

La autoestima no es un destino:

es un camino que se recorre cada día.

Y tú ya diste el paso más importante:

empezaste a mirarte.

A cuestionarte.

A sanar.

A reconstruir la voz con la que te hablas.

La versión de ti que estabas buscando...

está aquí.

Se construye despacio, con paciencia, con amor y con verdad.

No es perfecta.

Es real.

Y eso... es muchísimo mejor.

PARTE II
CONSTRUIRTE DESDE DENTRO

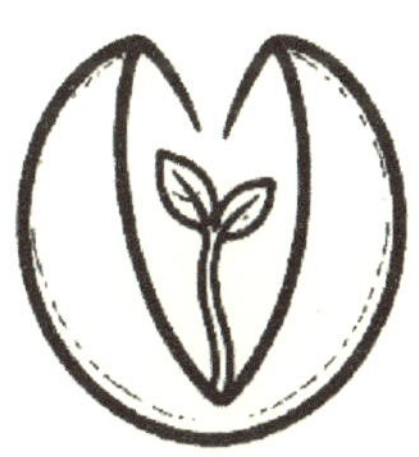

INTRODUCCIÓN A LA PARTE II CONSTRUIRTE DESDE DENTRO.

Despertar es el primer paso.

Construirte... es el trabajo real.

En la Parte I miraste hacia dentro.

Te hiciste preguntas que evitabas.

Reconociste verdades que dolían.

Sentiste partes de ti que estaban dormidas.

Te diste cuenta de que no estabas donde querías estar.

Ahora empieza algo distinto.

Un proceso más silencioso, más profundo, más lento.

Un proceso que no siempre se ve desde fuera,

pero que lo cambia todo desde dentro.

Construirte no es reinventarte de cero.

Es recuperar lo que perdiste en el camino.

Es fortalecer lo que estaba débil.

Es ordenar lo que estaba roto.

Es elegir, por primera vez en mucho tiempo, quién quieres ser.

Aquí no vas a imitar una versión perfecta de ti mismo.

Aquí vas a crear una versión **auténtica**, coherente, sólida, honesta.

Construirte significa:

- Cuestionar hábitos que te alejan de ti.
- Cambiar la forma en la que te presentas al mundo.
- Romper con versiones antiguas que ya no te representan.
- Aprender a sostener emociones difíciles sin hundirte.
- Elegir la disciplina emocional antes que la improvisación constante.
- Recuperar la presencia, la fuerza, la intención.

Y no, no será rápido.

Ni siempre bonito.

Ni siempre cómodo.

Pero será tuyo.

Y será real.

La vida no cambia cuando deseas que cambie.

La vida cambia cuando tú cambias desde dentro.

Cuando ajustas la actitud, la energía, la mirada, la forma de hablarte, la forma de caminar.

Cuando te conviertes en alguien que se elige de verdad.

Esta parte del libro no es teoría.

Es práctica.

Es transformación.

Es acción interna.

Aquí empiezas a construir la vida que sientes que te pertenece.

Y sobre todo...

a construirte a ti.

Bienvenido a la Parte II.

CAPÍTULO 5
TU ACTITUD LO CAMBIA TODO

La actitud es la energía con la que te colocas frente a la vida.

No es una sonrisa forzada.

No es positivismo vacío.

No es aparentar fuerza cuando por dentro te estás cayendo.

La actitud es tu postura interna.

La forma en la que eliges responder.

Tu intención.

Tu mirada.

Tu manera de estar en tu día.

La vida no cambia cuando cambia lo que te rodea.

Cambia cuando cambias la energía con la que te colocas frente a ella.

La actitud no puede evitar lo que te pasa,

pero transforma la manera en que lo vives.

Y eso, aunque parezca poco, lo cambia todo.

Tu actitud habla antes que tú

Entras a un sitio y tu presencia se nota.

No por tu ropa, ni por tu aspecto, ni por lo que dices.

Se nota por tu actitud.

Se siente si estás apagado... o despierto.

Si estás presente... o ausente.

Si te valoras... o te has abandonado.

Si vas por la vida pidiendo permiso... o caminando con dignidad.

La actitud es tu carta de presentación sin palabras.

La actitud no se finge: se filtra.

Cómo empiezas el día decide el resto

Parece una tontería, pero lo que haces en los primeros minutos del día determina tu energía.

Si te levantaste y todo a tu alrededor está desordenado, apagado, roto...

tu mente entra en el día desde esa misma energía.

En cambio, cuando empiezas con un gesto sencillo —hacer la cama, ducharte, vestirte con intención—,

tu cerebro recibe un mensaje directo:

"Hoy no me abandono."

La forma en que empiezas la mañana

determina cómo te tratas el resto del día.

La teoría de los cristales rotos

Imagina un coche aparcado en la calle.

Alguien pasa, le rompe un retrovisor y lo deja así.

Nada más.

Pero en cuestión de días empiezan a pasar cosas:

primero alguien raya la carrocería,

luego aparece basura alrededor,

más tarde le rompen una ventana,

y al cabo de una semana... el coche está destrozado.

¿Por qué?

Porque cuando algo parece abandonado,

la gente lo trata como abandonado.

Lo mismo ocurre con un barrio:

si una calle está sucia, la gente tira más basura.

Si está limpia, cuesta ensuciarla.

Lo ordenado invita al orden.

Lo roto invita a romper más.

Ahora entiéndelo bien:

tú eres ese coche.

Tú eres esa calle.

Si tu habitación está desordenada y llegas cansado, tiras la ropa al suelo sin pensarlo.

Si tú mismo estás desordenado, apagado, sin ilusión... te sigues abandonando sin darte cuenta.

Pero si tu espacio está ordenado, si tu cama está hecha, si te cuidas...

tu cuerpo cambia.

Tu respiración cambia.

Tu actitud cambia.

Lo que ordenas fuera, se ordena dentro.

Los pequeños gestos que lo cambian todo

Los malos días no empiezan con un drama.

Empiezan con pequeños descuidos:

"Hoy no hago la cama."

"¿Para qué arreglarme?"

"Total, da igual."

"No importa."

Pero importa.

Importa mucho.

Cada pequeño abandono manda un mensaje a tu mente:

"Ya no me importo."

También ocurre al revés:

los buenos días empiezan con pequeños actos de presencia:

- ventilar la habitación,
- ducharte con calma,
- vestirte como alguien que se respeta,
- ordenar un rincón,
- oler bien,
- mirarte al espejo desde la honestidad.

Si un día estás al 15% y diste ese 15%, diste tu 100%.

Sé amable contigo.

Una buena actitud no es ser fuerte siempre.

Es no abandonarte cuando estás débil.

La actitud no se improvisa. Se entrena.

No necesitas motivación para tener una buena actitud.

Necesitas práctica.

La actitud es un músculo.

Lo entrenas cuando:

- eliges no reaccionar con rabia,
- eliges respirar antes de contestar,
- eliges no tomarte todo como algo personal,
- eliges enfrentarte al día, aunque estés cansado,
- eliges cuidar tu espacio,
- eliges tratarte bien, aunque estés roto.

No eres lo que dices que harás.

Eres lo que haces cuando nadie mira.

Cada vez que eliges desde la conciencia,

fortaleces tu actitud.

MICROFÁBULA: LAS DOS SEMILLAS

Dos semillas estaban enterradas en la tierra.

Una dijo:

" Tengo miedo. Aquí estoy segura. ¿Y si allá arriba hace frío? ¿Y si me rompo? No saldré."

La otra dijo:

"Yo también tengo miedo... pero quiero ver el sol."

La primera sobrevivió.

La segunda vivió.

La diferencia no fue la capacidad.

Fue la actitud.

Tu actitud es un mensaje para la vida

La actitud no atrae milagros.

Atrae movimiento.

La vida se mueve hacia quien se mueve hacia ella.

Una actitud derrotada te deja donde estás.

Una actitud abierta te permite crecer.

Una actitud disciplinada te hace avanzar.

Una actitud coherente te hace respetarte.

Una actitud digna te convierte en alguien que inspira.

Tu presencia es tu firma.

Cada día decides con qué tinta la escribes.

La actitud que mereces tener

No la que aprendiste por herida.
No la que te quedó después de sobrevivir.
No la que heredaste del miedo.
La que tú elijas hoy.
La que diga:
“No estoy perfecto, pero estoy aquí.”
“ No sé todo, pero sigo caminando.”
“ No tengo fuerzas, pero no me abandono.”
“ No pasa nada si tengo miedo. Voy igual.”
Tu actitud es tu fidelidad contigo mismo.
Y cuando tu actitud cambia...
tu vida empieza a moverse contigo.

CAPÍTULO 6
PRESÉNTATE AL MUNDO
(Y A TI MISMO)

La forma en la que te presentas al mundo dice más de ti que toda tu historia.

Y no hablo solo de tu ropa, tu físico o tu apariencia.

Hablo de cómo entras a la vida.

De tu energía.

De tu postura.

De tu mirada.

De lo que transmites sin decir una sola palabra.

Pero antes de presentarte al mundo,

tienes que aprender a presentarte a ti mismo.

A entrar en tu día con intención.

A reconocerte.

A ocupar tu sitio sin miedo.

A dejar de encogerte para hacer espacio a los demás.

Porque nadie puede ver en ti lo que tú no te ves primero.

Tu presencia habla antes que tú

Aunque no digas nada, tu presencia habla:

- Si caminas apagado, la gente lo siente.

- Si estás nervioso, vibra en el ambiente.
- Si no te respetas, tu cuerpo lo delata.
- Si te escondes, tu energía se encoge contigo.
- Si te eliges, el mundo lo nota.

La gente no siempre nota tu tristeza,

pero siempre nota tu energía.

Tu energía es una extensión de tu relación contigo mismo.

No puedes esconderla, porque se filtra.

En tus gestos.

En tu postura.

En tu forma de mirar.

En la intención con la que te presentas.

Las personas cascabel

Hay personas que yo llamo personas cascabel.

Personas que esplenden.

Me encanta ese verbo: esplender.

Porque no es brillar hacia afuera

es emitir una luz tan grande hacia dentro

que termina saliendo sin esfuerzo.

Una persona cascabel no es la que habla más,

ni la que presume,

ni la que busca atención,

ni la que entra haciendo ruido.

Una persona cascabel es la que simplemente suena.

No con escándalo,

no con ego,

no con exageración.

Suenan porque cuando llegan, algo se mueve.

Algo cambia.

Algo vibra.

Algo se siente distinto.

Son personas que no necesitan presentarse:

su energía llega antes que ellas.

Transmiten paz, seguridad, autenticidad.

No vienen a imponerse, sino a estar.

Ese "sonido interior" nace de una coherencia profunda entre:

- lo que piensan,
- lo que sienten,
- lo que hacen,
- y la manera en la que se tratan.

No nacieron así.

Se hicieron así.

A base de caer, romperse, reconstruirse.

A base de mirarse sin miedo.

A base de elegirse cuando les temblaba la voz.

A base de tratarse como merecían cuando nadie lo hacía.

Esplenden porque están alineadas consigo mismas.

Y ahora la pregunta importante: ¿Tú esplendes?

No hablo de ser perfecto.

Ni de ser fuerte siempre.

Ni de vivir sin miedo.

Ni de tener la vida resuelta.

Hablo de otra cosa:

- ¿Entras a los sitios con tu energía presente... o te escondes?
- ¿Caminas con intención... o arrastrado?
- ¿Te hablas con respeto... o te machacas sin piedad?
- ¿Te cuidas... o te abandonas?
- ¿Vives... o sobrevives?

La luz que das afuera

depende de la luz que permites dentro.

Para esplender no necesitas hacer ruido.

Necesitas estar contigo.

Necesitas dejar de pedir permiso.

Necesitas ocupar tu sitio sin culpa.

Necesitas tratarte con dignidad.

Cuando tú estás bien contigo, suenas.

Suenas sin querer.

Suenas sin buscarlo.

Suenas desde dentro.

Pequeñas formas de presentarte mejor

No necesitas reinventarte.

Necesitas mostrar quién eres de verdad.

Pequeños gestos que lo cambian todo:

- Camina erguido, no encorvado.
- Mira a los ojos sin miedo.
- Habla claro, aunque sea bajito.
- Cuida tu olor, tu higiene, tu postura.
- Vístete como alguien que se respeta, incluso si no vas a salir.
- Respira antes de contestar.
- No minimices tu presencia.
- No pidas perdón por existir.
- No te quites mérito.
- No te encojas para que otros brillen.

Cada una de estas acciones es un mensaje a tu cerebro:

"Estoy aquí.

Me veo.

Me respeto.

Y me presento como alguien que vale."

MICROFÁBULA: EL HILO ROJO

Un artesano enseñaba a su aprendiz a tejer alfombras.

Mientras trabajaban, el aprendiz preguntó:

—¿Por qué incluyes siempre un hilo rojo en cada una, aunque apenas se vea?

El artesano respondió:

—Porque ese hilo me recuerda quién soy cuando me pierdo en el diseño.

Si me confundo, lo sigo.

Si me equivoco, lo encuentro.

Si me olvido de mi intención, él me la devuelve.

El aprendiz guardó silencio.

El artesano concluyó:

—Presentarte al mundo sin tu hilo interno

es presentarte vacío.

Cuando sabes quién eres,

tu presencia no se pierde.

Tú también tienes un hilo rojo.

Se llama identidad.

Dignidad.

Respeto.

Intención.

Cuando lo sigues, esplendes.

Presentarte al mundo es un acto de amor propio

No se trata de impresionar.

Se trata de ser tú sin excusas.

No se trata de aparentar.

Se trata de habitarte.

No se trata de ser perfecto.

Se trata de ser auténtico.

Tu presencia es un regalo.

Tu energía también.

Y cuando aprendes a presentarte desde la dignidad,

desde la calma,

desde la coherencia,

desde tu verdad...

empiezas a sonar como un cascabel

que vibra suave pero firme,

discreto pero inolvidable.

Cuando tú suenas,

el mundo te escucha.

CAPÍTULO 7
ROMPE CON LA VERSIÓN QUE YA NO ERES

Hay momentos en los que no es la vida la que te frena...

eres tú.

O, mejor dicho: la versión antigua de ti.

Esa versión que aprendió a sobrevivir.

Esa versión que decía que sí cuando quería decir que no.

Esa versión que se tragaba las emociones para no molestar.

Esa versión que aguantaba más de lo que debía.

Esa versión que se minimizaba para encajar.

Esa versión que dudaba de todo.

Esa versión rota, cansada, desgastada... pero conocida.

A veces te da miedo soltarla porque fue tu refugio.

Te sostuvo cuando nada más te sostenía.

Te salvó cuando no tenías herramientas.

Fue la que te ayudó a continuar.

Pero ahora... ya no te sirve.

Ya no encaja contigo.

Ya no te representa.

Lo que ayer te protegía...

hoy te limita.

Lo más difícil en esta etapa no es avanzar: es saber qué puente cruzar y qué puente quemar.

Cuando dejas de ser tu versión antigua, no pierdes nada: te recuperas.

La versión antigua se aferra... aunque te destruya

Esa versión de ti no quiere desaparecer.

No es mala.

Solo tiene miedo.

Por eso te susurra:

- No cambies, que así estamos seguros.
- No te arriesgues, puedes fallar.
- No te expongas, recuerda lo que pasó.
- No confíes demasiado.
- No te ilusiones, luego duele.
- No lo intentes, ¿para qué?

Cada vez que das un paso hacia adelante,

esa versión tira de ti hacia atrás.

No porque quiera hacerte daño,

sino porque fue construida desde el miedo y no desde la libertad.

La mente prefiere lo conocido,

aunque lo conocido te haga daño.

No te da miedo cambiar.

Te da miedo convertirte en alguien que ya no puedan controlar.

Para avanzar, tendrás que romper con la versión que ya no eres

Romper no significa odiarla.

Significa agradecerle su función…

y permitir que se vaya.

Es decirle:

"Gracias por traerme hasta aquí,

pero ya no puedo seguir siendo tú.

Ahora necesito otra cosa.

Ahora necesito ser yo."

Y ese es uno de los actos de valentía más profundos de la vida.

La incomodidad de transformarte

Cambiar de versión duele.

No porque estés haciendo algo mal,

sino porque estás saliendo de una identidad que te resultaba familiar.

La mente prefiere la repetición, incluso si la repetición te hiere.

Crecer incomoda.

Sanar duele.

Avanzar asusta.

Pero tienes que entender algo:

No es miedo… es expansión.

Tu alma se estira.

Tu identidad se ajusta.

Tu mente se reprograma.

Tu cuerpo aprende a habitar una versión nueva.

A veces no estás evolucionando:

estás recordando quién eras antes de adaptarte para sobrevivir.

Esa incomodidad es señal de que lo estás logrando.

¿Cómo sabes que estás superando tu versión antigua?

Lo notas cuando:

- Dejas de pedir permiso para ser tú.
- No soportas estar en ambientes que antes tolerabas.
- No te reconoces en viejas reacciones.
- Te sorprendes poniendo límites.
- Te aburre lo que antes te entretenía.
- Te exige más la calma que el caos.
- Te cansas de justificarte.
- No buscas aprobación.
- No aceptas migajas emocionales.
- Tu silencio empieza a hablar más que tus palabras.

Eso es evolución.

Eso es desprenderte.

Eso es renacer.

MICROFÁBULA: LA SERPIENTE Y LA PIEL

Una serpiente estaba creciendo,
pero su piel vieja ya no le dejaba moverse.
Le apretaba.
Le rozaba.
Le hacía daño.
Pero era su piel.
La conocía.
La había protegido toda la vida.
Un día, exhausta, se escondió bajo una roca
y empezó a frotarse contra ella.
No porque quisiera,
sino porque ya no podía seguir.
Le dolía desprenderse.
Le costaba respirar.
Pero siguió.
Hasta que por fin dejó atrás la piel antigua.
Y cuando salió...
era la misma serpiente, sí,
pero también era otra.
Más ligera.
Más libre.
Más ella.

Romper con la versión que ya no eres es así: duele un poco... pero te devuelve la vida.

Tu nueva versión no está adelante: está dentro

No estás intentando convertirte en alguien nuevo.

Estás **recordando quién eras antes de romperte**.

Estás volviendo a ti.

Estás regresando a tu esencia.

Estás permitiéndote ser lo que siempre fuiste, pero no habías podido mostrar.

La versión nueva ya vive dentro de ti.

Solo necesita espacio.

Para eso debes soltar:

- Expectativas que no eran tuyas.
- Personajes que interpretaste.
- Heridas que cargabas.
- Miedos que no te pertenecen.
- Lealtades que te detienen.
- Historias que ya no resuenan.

Lo viejo no se va por el dolor.

Se va cuando por fin decides dejarlo ir.

Y aquí encaja una verdad profunda:

El día que el hombre ciego ve, lo primero que arroja es el bastón.

Porque lo que antes te sostenía... ahora te limita.

MICROFÁBULA FINAL: EL PESO INVISIBLE

Un hombre caminaba cada día con una mochila en la espalda.

No sabía qué había dentro

solo sabía que pesaba.

Con los años, se acostumbró.

Pensaba que era parte de él.

Un día, un niño le preguntó:

—¿Por qué llevas esa mochila si te hace daño?

El hombre respondió:

—Porque siempre la he llevado.

No sé cómo caminar sin ella.

El niño sonrió:

—No te duele la mochila.

Te duele la costumbre.

El hombre la abrió por primera vez.

Estaba vacía.

A veces no pesa lo que cargas,

sino lo que crees que no puedes soltar.

El verdadero cambio empieza aquí

No cuando ganas fuerza.

No cuando sanas del todo.

No cuando ya no tienes miedo.

Empieza cuando dices:

“Esta versión de mí ya no soy yo.”
Ese reconocimiento abre un antes y un después.
Un camino que no se desanda.
A partir de ahí...
tú ya no vuelves atrás.
Puedes frenarte,
puedes pausarte,
puedes descansar,
pero no puedes ser quien eras.
Y una vez más:
No tengas miedo a ser diferente.
Ten miedo a ser igual que todos los demás.
Porque una vez que te ves de verdad...
no puedes dejar de verte.
Y una vez que te eliges...
no puedes volver a abandonarte.

CAPÍTULO 8
EL PODER DE LA DISCIPLINA EMOCIONAL

La mayoría de personas quiere que su vida cambie...

pero sigue reaccionando igual que siempre.

Quiere paz... sin cambiar sus impulsos.

Quiere avanzar... sin cambiar su forma de responder al mundo.

Quiere estabilidad... sin trabajar su interior.

Pero la verdad es sencilla:

tu vida no cambia cuando cambian tus circunstancias.

Tu vida cambia cuando cambia tu disciplina emocional.

No puedes controlar lo que pasa, pero puedes controlar lo que haces con lo que pasa

Tus emociones son como olas: vienen, suben, bajan, golpean, retroceden.

Pero tú no eres la ola.

Eres quien decide si se ahoga... o si la atraviesa.

La disciplina emocional no es eliminar emociones.

Es saber conducirlas.

Es evitar que una emoción temporal destruya algo permanente.

Es detener el impulso que te hace herir, sabotear, gritar, romper, retroceder.

La disciplina emocional es esto:

ser más grande que tu reacción.

Lo que sientes no siempre es una señal:

a veces es un hábito emocional que aún no has desaprendido.

Y recuerda: cuando elevas tu vibración, lo que no está en sintonía contigo se va solo.

El espacio entre el estímulo y la reacción

Vivimos así:

Estímulo → Reacción.

Alguien te mira mal → te enfadas.

Un plan falla → te frustras.

Te dicen algo que no te gusta → saltas.

Te sientes inseguro → te escondes.

Tienes miedo → te bloqueas.

Te decepcionan → te cierras.

Y así pasan los días, los meses y los años:

reaccionando, repitiendo, sobreviviendo.

Pero la vida cambia cuando descubres esto:

entre lo que pasa y tu reacción... existe un espacio.

Un segundo.

Un respiro.

Un silencio.

Una elección.

Ese espacio es tu libertad.

Ese espacio es tu poder.

No eres responsable del primer pensamiento...

pero sí del segundo.

En ese segundo pensamiento, en ese microespacio,

decides quién eres.

¿Cómo se entrena ese espacio? Con repetición

Disciplina no es hacerlo bien cuando te apetece.

Disciplina es seguir incluso cuando no te sale.

Primer día: reaccionas mal.

Segundo día: reaccionas igual.

Tercer día: te das cuenta.

Cuarto día: respiras antes de explotar.

Quinto día: te sorprendes controlando.

Sexto día: ya no respondes desde el impulso, sino desde la intención.

La disciplina emocional se entrena así:

con pequeños intentos.

Con pequeñas pausas.

Con pequeños silencios.

Con pequeños actos de autocontrol.

Repetición.

Repetición.

Repetición.

Motivación: el mito que te frena

Lo que nadie te dice es que **la motivación no sirve para sostener cambios reales.**

La motivación sube y baja según tu estado emocional.

Es inestable.

Es volátil.

Es pasajera.

La disciplina, en cambio, es leal.

La disciplina te acompaña incluso cuando no tienes fuerzas.

La disciplina es tu compromiso contigo, no con lo que sientes.

No busques motivación: busca dirección.

La motivación enciende

la dirección sostiene.

La disciplina emocional es tu seguridad interna

Cuando aprendes a utilizarla:

- ya no explotas,
- ya no te desbordas,
- ya no te hieres,
- ya no te saboteas,
- ya no actúas por impulso,
- ya no tomas decisiones que luego lamentas,
- ya no repites versiones de ti que te dañan.

La disciplina emocional te protege de ti mismo.

Es tu escudo.

Tu ancla.

Tu temple.

Tu madurez en acción.

No te quita emociones.

Te da libertad.

La libertad de actuar desde tu centro,

y no desde tu herida.

No lleves a todo el mundo a tu mundo.

Tu energía también merece disciplina.

MICROFÁBULA: EL RÍO QUE APRENDIÓ A ESPERAR

Un río bajaba siempre con fuerza:

golpeaba piedras, arrasaba tierra, chocaba contra todo.

Creía que esa era su naturaleza: avanzar a empujones.

Un día, un anciano se sentó junto a la orilla y le dijo:

—Tu fuerza no está en romper.

Está en aprender a rodear.

El río no entendió.

Pero con los años, al seguir su curso, descubrió que la corriente que mejor avanza

no es la que lucha...

sino la que fluye.

No dejó de ser río.

Solo dejó de pelear.

La disciplina emocional no te hace rígido: te hace verdadero

Ser disciplinado emocionalmente no significa reprimir,

callar,

tragar,

o fingir calma.

Significa esto:

sentir… pero no reaccionar desde la herida.

Pensar… pero no obedecer al miedo.

Actuar… pero desde tu parte sana, no desde tu parte herida.

La disciplina emocional no te hace frío:

te hace libre.

PARTE III
MENTE, PROPÓSITO Y ACCIÓN

INTRODUCCIÓN A LA PARTE III: MENTE, PROPÓSITO Y ACCION

Hay un momento en el camino en el que ya no basta con comprenderte por dentro.

Necesitas avanzar.

Moverte.

Elegir una dirección.

Lo que despertaste en la Parte I...

lo que empezaste a construir en la Parte II...

ahora necesita convertirse en camino.

Esta parte es ese puente.

El lugar donde tu mente deja de ser una tormenta

y empieza a ser un mapa.

Donde tus pensamientos dejan de frenarte

y empiezan a impulsarte.

Donde dejas de reaccionar

y empiezas a decidir.

Aquí aprendes a usar tu mente como debería ser usada:

como herramienta, no como cárcel.

Aquí descubres tu propósito no como un destino lejano,

sino como una brújula interna que siempre estuvo esperándote.

Aquí entiendes que visualizar no es soñar,

es entrenar tu identidad.

Y que actuar no es correr,

es avanzar en coherencia contigo.

La Parte III es intención.

Es claridad.

Es enfoque.

Es movimiento.

Porque la vida no cambia cuando la piensas.

Cambia cuando la diriges.

Bienvenido a la parte donde tu mente se ordena,

tu propósito se despierta

y tu camino empieza a tomar forma.

CAPÍTULO 9
LA MENTE COMO HERRAMIENTA, NO COMO CÁRCEL

La mente es un lugar extraño.

Puede impulsarte... o puede encerrarte.

Puede ser tu aliada... o puede ser tu prisión.

Y casi siempre esa diferencia depende de algo muy simple:

de si tú usas la mente... o la mente te usa a ti.

La mayoría de la gente vive atrapada en su mente sin darse cuenta.

Creen que sus pensamientos son hechos.

Creen que lo que imaginan es real.

Creen que todo lo que sienten es una señal.

Creen que la mente tiene razón solo porque habla alto.

Pero la mente no es la verdad.

La mente es un filtro.

Un ruido.

Una interpretación.

Una historia antigua que aprendió a repetirse.

Tu mente no quiere que crezcas.

Tu mente quiere que estés a salvo.

Incluso cuando "a salvo" significa pequeño, limitado o escondido.

La mente protege... incluso cuando su forma de protegerte te lastima.

Y aquí conviene recordar las palabras de *El guerrero pacífico*:

"Ni tu decepción ni tu cólera son provocadas por la lluvia.

La lluvia no es más que la lluvia.

Tu alegría cuando vuelve el sol... tampoco es el sol.

Ambas nacen de tus pensamientos."

El problema nunca es lo que ocurre fuera.

El problema es la historia que tu mente cuenta sobre lo que ocurre.

Por eso este capítulo importa tanto.

Porque no puedes avanzar hacia tu siguiente nivel

si sigues usando la mente que te mantenía atrapado en el anterior.

La mente no se controla. Se entrena.

Un discípulo preguntó a su maestro:

—"¿Qué hago para controlar mi mente?"

El maestro sonrió y respondió:

—"¿Quieres controlar el mar... o aprender a surfearlo?"

El discípulo entendió.

La mente no se domina.

Se navega.

Tu error nunca fue tener pensamientos.

Tu error fue creerlos todos.

El cerebro no distingue lo real de lo imaginado

Esta es una de las verdades más fuertes que vas a leer:

El cerebro no sabe si lo que piensas es real o inventado.

Solo sabe reaccionar.

Si imaginas fracaso → buscará pruebas.

Si imaginas miedo → activará alarmas.

Si imaginas peligro → tensará el cuerpo.

Si imaginas que no vales → te lo demostrará.

Pero si imaginas claridad,

si imaginas fuerza,

si imaginas que puedes...

también buscará pruebas de eso.

Tu mente es un sirviente fiel:

si le das miedo, te encierra

si le das dirección, te impulsa.

No creas todo lo que piensas

Un pensamiento no es un hecho.

Un pensamiento es un eco.

Una memoria.

Un reflejo de lo que un día te hirió.

Tu mente te habla desde tus heridas,

desde tus experiencias,

desde tus miedos.

Por eso exagera.

Por eso proyecta lo peor.

Por eso repite siempre lo mismo.

No porque sea verdad,

sino porque intenta protegerte.

Pero tú ya creciste.

Ella no.

Entrena a tu mente para que trabaje contigo, no contra ti

1. Nombra el pensamiento

"Estoy teniendo el pensamiento de que..."

Esto te separa de él.

2. **Respira antes de reaccionar**

Entre lo que pasa y tu reacción hay un espacio.

Ese espacio es tu libertad.

3. **No luches con el pensamiento**

Lo que resistes, persiste.

Lo que observas, se disuelve.

4. **Cambia el guion interno**

"No puedo" → "Puedo aprender."

"Siempre fallo" → "Estoy avanzando."

5. **Dale dirección a tu mente**

El cerebro necesita órdenes, no dramas.

6. **Elige pensamientos que no te destruyan**

No se trata de pensar bonito,

sino de no pensar contra ti.

Tu mente no es tu enemiga. Solo está mal entrenada.

Cuando llegas a este punto del libro, tu mente tiembla un poco.

Porque empiezas a verla.

A cuestionarla.

A desobedecerla.

Pero la mente no quiere destruirte.

Quiere protegerte.

Solo que aprendió a hacerlo desde el miedo.

A partir de hoy vas a enseñarle otra forma:

la forma que elige avanzar

aunque haya dudas,

aunque haya ruido,

aunque la mente diga "no".

Porque la cárcel nunca estuvo fuera.

Estaba dentro.

Y ahora, por fin,

estás aprendiendo a abrir la puerta.

CAPÍTULO 10
ENCUENTRA TU PROPÓSITO, NO TU EXCUSA

Hay dos fuerzas que pueden mover tu vida entera:

el propósito... o la excusa.

La excusa te mantiene en círculos.

El propósito te da dirección.

La excusa te justifica.

El propósito te despierta.

La excusa te hace sentir seguro.

El propósito te incomoda... pero te empuja.

La excusa te protege.

El propósito te expande.

Y aquí viene una verdad que casi nadie quiere admitir:

la mayoría de personas no están perdidas...

están llenas de excusas que **suenan razonables**.

Excusas bien contadas, bien defendidas, bien decoradas...

pero excusas al fin.

Tu propósito no aparece cuando tienes tiempo.

Aparece cuando dejas de esconderte detrás de razones que parecen lógicas

pero te apagan por dentro.

Cuando encuentras tu propósito, entiendes por qué nada antes funcionaba.

MICROFÁBULA: EL CUENCO Y EL RUIDO

Un joven fue a ver a un maestro y le dijo:

—Maestro, no encuentro mi propósito. Medito, leo, busco señales... pero nada llega.

El maestro sonrió.

Tomó un cuenco lleno de agua y lo agitó con fuerza.

—¿Qué ves? —preguntó.

—Nada. El agua está turbia.

Esperó unos segundos, hasta que el agua empezó a asentarse.

—¿Y ahora?

—Ahora sí veo el fondo.

El maestro respondió:

—Tu propósito es el fondo del cuenco.

Siempre estuvo ahí.

El problema no es que no exista...

el problema es **el ruido** que no te deja verlo.

El propósito no se encuentra: se revela

A la gente le encanta imaginar que el propósito es una iluminación repentina.

Una señal mística.

Un golpe de suerte.

Pero el propósito es más silencioso.

Más íntimo.

Menos espectacular.

El propósito no cae del cielo: **se revela**.

Y solo se revela cuando dejas de mentirte... y empiezas a escucharte.

Por eso muchos no lo encuentran:

porque siguen buscando afuera algo que solo puede descubrirse dentro.

No estás perdido: estás en transición.

A veces el propósito no aparece... **se construye**.

Tu propósito está en lo que te duele y en lo que te mueve

La gente cree que el propósito es "lo que te gusta".

No. Eso es un hobby.

El propósito real está en tres lugares:

1. En lo que te duele

Lo que te marcó.

Lo que te hirió.

Lo que no soportas ver repetido.

2. En lo que te mueve

Aquello a lo que siempre vuelves.

Lo que no puedes ignorar, aunque lo intentes.

3. En lo que te nace natural

No lo fuerzas.

No lo actúas.

Simplemente fluye.

El propósito no es un destino.

Es un llamado.

Y aunque intentes huir, volverá.

A veces como susurro.

A veces como incomodidad.

A veces como esa sensación interna de:

“sé que estoy hecho para algo más.”

Las excusas que más frenan tu propósito

Tu mente es experta en disfrazar miedo de lógica.

Las excusas más comunes:

- No es el momento.
- Necesito más seguridad.
- No estoy preparado.
- ¿Y si fallo...?
- ¿Y si no sirvo...?
- Cuando tenga tiempo...
- Más adelante lo haré.

Todas tienen la misma raíz:

miedo a convertirte en quien podrías llegar a ser.

Porque ser mediocre duele...

pero ser grandioso asusta.

Aquí encaja una pregunta que cambia todo:

¿Qué es lo mejor que puede pasar?

El propósito no se activa con comodidad.

Se activa con valentía.

Tu propósito comienza cuando dejas de justificarte

Hay una frase que lo resume todo:

"No puedes ver tu reflejo en agua hirviendo."

Si tu mente está llena de ruido, ansiedad, prisa, comparación y miedo,

no verás nada.

Ni tu propósito.

Ni tu camino.

Ni tu verdad.

La claridad no llega cuando aprietas.

Llega cuando sueltas.

Cuando respiras.

Cuando te detienes.

Cuando eres honesto contigo mismo por primera vez.

Pasos reales para encontrar tu propósito

(sin misticismo, sin fantasía)

1. Escribe lo que ya no quieres vivir

A veces el propósito aparece por eliminación.

2. Haz una lista de lo que siempre vuelve a ti

Ese tema, impulso o talento que insiste.

3. Identifica tu herida clave

Muchos propósitos nacen del dolor que te transformó.

4. Observa qué admiras de otros

Lo que admiras es una proyección de lo que quieres despertar en ti.

5. Da un paso pequeño hoy

No perfecto.

Solo real.

Si quieres claridad, muévete.

La dirección aparece caminando.

Aquí encaja una de las grandes enseñanzas históricas:

"¿Conoces la expresión 'quemen los barcos'?

Significa que, una vez que decides avanzar, la única opción real es seguir adelante."

El propósito no comienza cuando entiendes el camino.

Comienza cuando das el primer paso.

Tu propósito no es algo que encuentras. Es algo que te necesita.

Tu propósito te pide algo que da miedo:

que dejes de ser quien fuiste

para convertirte en quien siempre has podido ser.

Y en ese proceso es inevitable recordar esta verdad profunda:

¿Qué tienes miedo a perder, si en realidad nada te pertenece?

Tu propósito no quiere tu perfección.

Quiere tu verdad.
Tu presencia.
Tu entrega.
Tu propósito es el punto donde lo que te duele,
lo que te mueve
y lo que puedes aportar
se encuentran.
Ese punto existe.
Y aunque lo ignores, sigue esperando.
Aquí empieza tu búsqueda real.
No desde afuera hacia dentro...
sino desde dentro hacia adelante.

CAPÍTULO 11
LA LEY DE LA ATRACCIÓN (CON LOS PIES EN LA TIERRA)

La Ley de la Atracción se ha convertido en una frase cliché.

En redes parece magia:

"Pide y se te dará."

"Visualiza y aparecerá."

"Desea fuerte y llegará."

Y eso suena bonito,

pero también suena peligroso.

Porque lo que nadie te dice es que:

La Ley de la Atracción no funciona sin acción.

No funciona sin disciplina.

No funciona sin coherencia.

No funciona sin decisión.

Desear no es atraer.

Soñar no es avanzar.

Visualizar no es construir.

La Ley de la Atracción no es magia.

Es mentalidad + enfoque + acción + energía.

No atraes lo que pides.

Atraes lo que sostienes.

No atraes lo que deseas.

Atraes lo que eres.

Paulo Coelho escribió en *El alquimista*:

"Cuando deseas algo de verdad, todo el universo conspira para que se haga realidad."

Pero la parte que casi nadie dice es la siguiente:

el universo conspira cuando tú también te mueves hacia lo que pides.

MICROFÁBULA: LA LLAVE QUE NO ENCAJA

Un joven encontró, en un viejo cofre, una llave dorada.

Junto a ella había una nota:

"Esta llave abre la puerta de tu destino."

Pasó meses buscando la puerta adecuada.

Probó en templos, casas abandonadas, portones ocultos.

Ninguna encajaba.

Frustrado, fue a ver a un anciano del lugar.

—He buscado por todas partes. Esta llave no sirve.

El anciano sonrió:

—No es la llave la que debe encajar en la puerta...

es la persona la que debe encajar en su destino.

—¿Y cómo hago eso? —preguntó el joven.

—Conviértete en quien estarías siendo

si ya estuvieras del otro lado.

Entonces entendió que no le faltaba una puerta.

Le faltaba una versión de sí mismo.

Atraes lo que tu identidad puede sostener

La vida no responde a tus deseos.

Responde a tus creencias profundas.

Puedes pedir abundancia,

pero si dentro de ti hay carencia, atraerás experiencias que confirmen la carencia.

Puedes pedir amor,

pero si te relacionas desde heridas, atraerás relaciones que activen esas heridas.

Puedes pedir oportunidades,

pero si aún te sientes pequeño, actuarás como pequeño frente a ellas.

La vida no te da lo que quieres

te da lo que tu identidad puede sostener sin romperse.

Ley de la resonancia:

no atraes lo que quieres

atraes lo que eres.

La ley de la atracción es la ley de la coherencia

Cuando lo que piensas,

lo que sientes,

lo que haces

y lo que sostienes

apuntan en la misma dirección…

la realidad se mueve.

No porque sea magia,

sino porque dejas de sabotearte.

Coherencia = Atracción.

Incoherencia = Bloqueo.

La metáfora del imán

La ley de la atracción funciona como un imán.

Un imán no atrae lo que quiere.

Atrae lo que vibra igual que él.

Si eres hierro, atraes hierro.

Si eres miedo, atraes miedo.

Si eres calma, atraes calma.

Si eres claridad, atraes claridad.

La vibración no miente.

Tu vida siempre está reflejando tu estado interior, no tus intenciones superficiales.

El universo no responde a la ansiedad

Cuando dejamos ir, recibimos.

Cuando dejamos de perseguir, las cosas vienen a nosotros.

Menos resistencia. Más magnetismo.

El universo no responde a la ansiedad, la depresión o la prisa.

Responde a la confianza, la entrega y el equilibrio.

Cuantas menos fuerzas, más sucede.

Y la frase más honesta de todas:

"Tenía que hacértelo incómodo...

de otra manera nunca te hubieras movido.

Atte: El Universo."

El problema no es lo que pides. Es desde dónde lo pides.

Muchos dicen:

“Quiero paz”,

pero viven alimentando caos.

“Quiero amor sano”,

pero se relacionan desde la carencia.

“Quiero prosperar”,

pero piensan en escasez.

“Quiero avanzar”,

pero sostienen hábitos que los frenan.

Piden desde el deseo,

pero actúan desde el miedo.

La vida responde a lo que haces,

no a lo que dices.

Y recuerda:

Nada grande se ha logrado siendo razonable.

Decide lo que quieres, cree que es posible

y acepta el precio que hay que pagar por conseguirlo.

Cómo usar la Ley de la Atracción sin autoengaño

1. Define quién quieres ser, no solo qué quieres tener

El resultado no importa si tu identidad no cambia.

2. Suelta las creencias que chocan con tu deseo

La mente no crea lo que contradice.

3. Visualiza para entrenar tu cerebro, no para huir de tu vida

Visualización = repetición mental, no fantasía.

4. Alinea tus acciones

— No puedes atraer disciplina viviendo en el caos.

— No puedes atraer amor sano maltratándote.

— No puedes atraer abundancia desde hábitos de escasez.

5. Suelta la prisa

La prisa es miedo.

La calma es poder.

Lo que pides te está observando

El amor sano te observa:

¿te das el trato que pides?

La prosperidad te observa:

¿tomas decisiones que la sostendrían?

La oportunidad te observa:

¿estás preparado o solo ilusionado?

El universo te escucha, sí.

Pero te observa más.

La ley de la atracción no es pedir. Es convertirte.

Convertirte en la persona que ya no se sabotea.

Que ya no repite lo que duele.

Que ya no vibra con lo que la destruye.

Que ya no piensa como la versión que sobrevivía.

Que ya no teme recibir lo que pide.

Atraes lo que encarnas.

Atraes lo que sostienes.

Atraes lo que practicas.

Atraes lo que estás preparado para vivir.

La magia no está en la ley.

La magia está en ti.

CAPÍTULO 12
VISUALIZA, SIENTE, ACTÚA

Visualizar no es soñar despierto.

No es fantasear.

No es escapar de tu realidad.

Visualizar es entrenar a tu mente para reconocer un camino

antes de caminarlo.

El cerebro funciona por familiaridad:

repite lo que conoce,

evita lo que teme,

y busca lo que entiende.

Por eso visualizar no cambia la vida por sí sola,

pero te prepara para cambiarla tú.

Primero lo ves dentro.

Luego lo practicas fuera.

Y después lo ejecutas sin miedo.

Así funciona:

visualiza, siente, actúa.

En ese orden.

MICROFÁBULA:
EL ARQUERO QUE YA HABÍA ACERTADO

Un maestro de arquería mandó a su discípulo a disparar cien flechas cada mañana.

El joven lo hacía, pero fallaba la mayoría.

Desesperado, dijo:

— "Maestro, veo el blanco, apunto, pero mi cuerpo se tensa. ¿Qué hago mal?"

El maestro respondió:

— "Tu error es intentar acertar mientras dudas."

Le vendó los ojos y añadió:

— "Ahora dispara."

El joven, confundido, disparó.

La flecha no dio en el blanco, pero su cuerpo estaba relajado.

El maestro sonrió:

— "¿Lo ves? Tu cuerpo sabe.

Lo que te falla no es la técnica.

Es que **no has visto el resultado dentro de ti antes de intentarlo afuera**."

Luego dijo:

— "Un buen arquero no visualiza el blanco...

visualiza la flecha llegando."

El joven entendió que apuntar

empieza en la mente,

no en la mano.

Visualizar no es imaginar: es ensayar

La visualización no cambia tu realidad,

pero **cambia a la persona que entra en ella**.

Cuando visualizas:

tu mente se adelanta,

tu cuerpo se regula,

tu sistema nervioso se calma,

tu identidad empieza a adaptarse.

Lo que te parecía imposible

empieza a parecerte familiar.

Visualizar es **ensayar mentalmente la vida que aún estás construyendo**.

Siente lo que visualizas

La clave no es la imagen,

es la emoción que la acompaña.

Puedes visualizar abundancia,

pero si la sientes desde la carencia,

tu mente la rechazará.

Puedes visualizar éxito,

pero si lo sientes desde la inseguridad,

tu cuerpo se tensará.

Puedes visualizar amor sano,

pero si lo sientes desde la duda,

atraerás más duda.

Visualizar sin sentir

es como sembrar sin regar.

Cuando visualices, pregúntate:

"¿Cómo se sentiría mi cuerpo si esto fuera real ahora mismo?"

Sostén ese estado unos segundos.

Ese es el entrenamiento que cambia tu identidad.

La visualización reordena tu identidad

Tu identidad es la suma de:

lo que crees de ti,

lo que crees capaz,

lo que crees merecer.

Cuando visualizas de forma consistente,

empiezas a enviarle a tu mente una nueva referencia:

"Esto puedo sostenerlo."

"Esto puedo vivirlo."

"Esto puedo permitirlo."

Y cuando tu identidad cambia,

cambia todo lo que atraes.

Aquí encaja una frase esencial de Carl Jung:

"Hasta que lo inconsciente no se haga consciente,

el subconsciente dirigirá tu vida... y tú lo llamarás destino."

Visualizar es precisamente eso:

hacer consciente lo que antes vivías en automático.

Actúa: el paso que la mayoría evita

Visualizar sin actuar es ilusión.

Actuar sin visualizar es caos.

El equilibrio es este:

Visualiza para ordenar tu mente.

Siente para activar tu cuerpo.

Actúa para transformar tu vida.

Una acción pequeña vale más que mil visualizaciones perfectas.

La acción:

- le demuestra a tu mente que vas en serio,
- ancla tu nueva identidad,
- confirma que no eres quien eras,
- inicia el camino que soñabas.

La vida no se vuelve más fácil.

Tú te vuelves más fuerte.

Aprende a crear espacio: Yutori

En Japón existe un concepto llamado **Yutori**:

vivir con espacio.

Con aire.

Con margen.

Con silencio suficiente para ver con claridad.

La visualización necesita exactamente eso:

un espacio interno despejado para que la imagen pueda aparecer.

Porque si tu mente está llena de prisa,

ruido,

comparación,

miedo,

y sobrepensamiento,

no ves nada.

Yutori te enseña lo contrario:

crear un pequeño espacio mental para contemplar.

Ahí encaja una frase de David Hume:

“La belleza de las cosas existe en el espíritu que las contempla.”

Lo mismo ocurre con tus visiones internas:

si tu espíritu está en guerra...

lo que ves también lo estará.

La vida no tiene un solo ritmo

María, 32 años.

Compró su casa.

Nunca salió del país.

Antonio, 27.

Trabaja, sale de fiesta, va a conciertos.

Aún vive con sus padres.

Fer, 35.

Aprobó su oposición después de muchos intentos

y mucho crecimiento personal.

Carlos, 27.

Viajó por medio mundo, vivió con entusiasmo.

Falleció a los 27 años.

Sofi, 39.

Terminó la carrera que un día dejó.

Empezó de nuevo.

Ahora siente que es su momento.

¿Sabes quién lo está haciendo bien en la vida?

Cada uno.

A su manera.

A su ritmo.

Porque no existe un molde para vivir,

ni un reloj que marque cuándo ser feliz.

La comparación solo te aleja

del camino que tú sí puedes construir.

Mantén tu visión en silencio

Cuando visualices tus metas, recuerda esto:

"Cuando estás ganando, mantén la boca cerrada."

El silencio protege tu energía,

tu enfoque,

tu identidad en construcción.

No todo el mundo necesita saber lo que estás gestando.

No todo el mundo tiene la conciencia para entenderlo.

Tu vida no cambia cuando imaginas.

Cambia cuando **eres**.
Visualizar es preparar el terreno.
Sentir es sembrar.
Actuar es florecer.
Tu mente ve el destino.
Tu cuerpo lo siente.
Tus acciones lo construyen.
Así avanzas.
Así cambias.
Así te conviertes.

PARTE IV
SALUD MENTAL Y EQUILIBRIO

INTRODUCCIÓN PARTE IV
SALUD MENTAL Y EQUILIBRIO

Hay momentos en los que la vida no pide que avances,

pide que respires.

Momentos en los que no necesitas más fuerza,

sino más suavidad.

No más velocidad,

sino más presencia.

No más exigencia,

sino más cuidado.

La salud mental no es ausencia de dolor,

ni ausencia de miedo,

ni ausencia de dudas.

Es aprender a sostenerte incluso cuando algo dentro de ti tiembla.

Es entender que puedes estar roto y seguir adelante.

Que puedes sentir miedo y aun así moverte.

Que puedes tener días oscuros

sin convertirte en oscuridad.

Esta parte del camino no va de brillar.

Va de mantener la llama encendida

cuando sopla el viento.

Va de escucharte,

de entenderte,

de acompañarte.

Va de aprender a ser hogar para ti mismo

cuando todo afuera se siente incierto.

La Parte IV es un abrazo.

Un descanso.

Un lugar para recolocar tu mente,

aflojar tu alma,

y volver a encontrarte.

Porque no todo es crecer hacia arriba.

A veces crecer es volver adentro.

A sanar lo que duele,

a ordenar lo que pesa,

a equilibrar lo que se inclina.

Aquí empiezas a darle a tu mente lo que tanto te ha pedido:

espacio, silencio, compasión y verdad.

Bienvenido a la parte donde dejas de exigirte,

para empezar a sostenerte.

CAPÍTULO 13
CUIDAR TU MENTE TAMBIÉN ES ÉXITO

Vivimos en una cultura que te empuja a rendir, producir, demostrar, avanzar.

Una cultura que aplaude la prisa y glorifica el cansancio,

como si agotarte fuera un trofeo.

Pero nadie te enseña esto:

También es éxito descansar.

También es éxito sanar.

También es éxito detenerte para respirar.

También es éxito cuidar tu mente.

Porque de nada sirve llegar lejos

si el camino te destruye por dentro.

El éxito no es solo lo que logras.

Es lo que sostienes sin romperte.

Es lo que construyes sin perderte.

Es la paz que mantienes mientras avanzas.

MICROFÁBULA: EL JARDINERO QUE SE NEGÓ A CORTAR LA FLOR

Un jardinero tenía una flor que no crecía tan rápido como las demás.

Sus vecinos le decían:

—"Córtala, no sirve. Está atrasada. No te dará nada."

Pero él respondía:

—"Cada una tiene su ritmo."

La regó con paciencia, la protegió del frío,

la cuidó cuando parecía marchitarse.

Mientras las demás flores crecían rápido

y se marchitaban igual de rápido,

la suya seguía lenta... pero firme.

Un día, contra todo pronóstico,

la flor abrió un pétalo inmenso y luminoso,

más grande que todas las otras juntas.

Los vecinos preguntaron:

—"¿Cómo lo hiciste?"

El jardinero respondió:

—"No forcé.

No comparé.

Solo cuidé."

Tu mente no es una máquina: es un ecosistema

Tu mente necesita descanso,

espacio,

silencio,

calma,

cuidado…

igual que una planta necesita sol y agua.

Cuando la fuerzas, se rompe.

Cuando la ignoras, se apaga.

Cuando la presionas, se bloquea.

Pero cuando la cuidas, florece.

No naciste para funcionar 24/7.

Naciste para vivir.

Recuerda: Yutori.

Descansar no es rendirse: es prepararte

Una mente agotada no piensa mejor.

Una mente saturada no decide mejor.

Una mente herida no ama mejor.

Descansar no es perder tiempo.

Es recuperarlo.

Es volver a ti.

Es regresar claro.

Es ordenar lo que pesa.

Es ver lo que no podías ver cuando estabas lleno de ruido.

Necesitas descanso

no porque seas débil,

sino porque eres humano.

Tu salud mental es tu base. Todo lo demás es construcción

Puedes tener éxito profesional,

una relación bonita,

dinero, proyectos, metas, sueños...

Pero si tu mente está rota,

todo eso tiembla.

Cuidarte no es una opción espiritual.

Es una responsabilidad contigo.

Con tu vida.

Con tu futuro.

Con la gente que te quiere.

Con lo que estás construyendo.

Tu mente es tu hogar.

Y nadie vive bien en una casa llena de incendios.

Las señales de que necesitas detenerte

- Sientes que nada te llena.
- Lloras sin saber por qué.
- Te cuesta dormir o te cuesta levantar.
- Te irrita todo.
- Tu cuerpo va rápido y tu mente va lento.
- Tu mente va rápido y tu cuerpo va lento.

- Te exiges más cuanto más cansado estás.
- Todo te pesa.

Si esto te está pasando, no es flojera.

Es tu alma diciendo:

"Para. Necesito espacio para respirar."

No todo en la vida es avanzar

A veces también es sostenerse.

Hay temporadas para crecer

y temporadas para recuperar fuerzas.

Hay etapas para expandirte

y etapas para reconstruirte.

Hay momentos para empujar

y momentos para descansar.

No puedes florecer

si no te regalas sombra de vez en cuando.

Un recordatorio de ti para ti

La cantidad de sonrisas que se crearon gracias a ti.

La tranquilidad que otros sintieron gracias a tus palabras.

Lo que inspiraste en otros gracias a tus acciones.

Las pequeñas mejoras que hiciste en ti mismo que hicieron la diferencia.

Las veces que tus abrazos sostuvieron a alguien que lo necesitaba.

El potencial que otros ven en ti cuando decides avanzar.

Nunca permitas que te hagan olvidar

lo **bello** de tu alma.

Frase que resume este capítulo

Cuidar tu mente también es éxito,

porque sin equilibrio,

todo lo demás se desmorona.

El verdadero éxito es la paz

La gente cree que el éxito es llegar más rápido,

lograr más que otros,

tener más que antes.

Pero el verdadero éxito es este:

Poder vivir contigo mismo en calma.

Dormir con la mente en paz.

Sostener tu vida sin perder tu alma.

Elegirte en lugar de exigirte.

Respirar sin sentir que el mundo te persigue.

El éxito no es velocidad.

Es equilibrio.

Y aquí, en esta parte del camino,

empiezas a reconstruirlo.

CAPÍTULO 14
CÓMO ENFRENTAR LA ANSIEDAD, LA FRUSTRACIÓN Y LA DUDA

La mayoría de las personas no está rota.

Está cansada.

Está saturada.

Está desbordada por dentro.

Llena de historias que nunca dijo, emociones que nunca soltó,

y responsabilidades que nunca había tenido.

No estás fallando.

Estás cargando demasiado.

Tu mente no grita porque seas débil.

Grita porque ha aguantado demasiado tiempo sin que la escuches.

No es que no puedas.

Es que no puedes **así**.

MICROFÁBULA:
EL VASO LLENO

Un maestro llenó un vaso con agua.

Lo llenó hasta arriba.

El agua rozaba el borde.

Miró a su discípulo y preguntó:

— "¿Caben más gotas aquí?"

El discípulo dijo:

— "No, maestro. Si añades una sola gota, se derrama."

El maestro sonrió, añadió una gota más,

y el agua cayó por los laterales.

— "Tu mente es este vaso", dijo.

"Cuando está llena, cualquier cosa —una preocupación, un comentario, un imprevisto—

te desborda."

Luego añadió:

— "El problema no es la gota.

Es la cantidad de agua que llevabas dentro."

No estás mal: estás al límite

La saturación mental no se nota de golpe.

Se acumula.

Primero te cuesta concentrarte.

Luego te irritas por cosas pequeñas.

Después te sientes agotado sin razón.

Y poco a poco, todo te pesa más de lo normal.

No porque no puedas con la vida.

Sino porque llevas demasiado tiempo cargándola sin descansar.

La saturación es silenciosa,

pero te roba la claridad.

Te roba la paciencia.

Te roba la calma.

Te roba la capacidad de tomar decisiones.

No estás roto.

Solo estás lleno.

No confundas saturación con fracaso

No fallas cuando te cansas.

Fallaste cuando ignoraste que estabas cansado.

No fallas cuando te bloqueas.

Fallaste cuando seguiste exigiéndote aun estando al límite.

No fallas cuando necesitas parar.

Fallaste cuando pensaste que parar te hacía débil.

La saturación te hace creer que "ya no sirves".

Pero es mentira.

Tú sí sirves.

Lo que no sirve es la forma en la que estás cargando tu vida.

El cuerpo avisa antes que la mente

Cuando tu mente ya no puede más,
tu cuerpo empieza a hablar:

- Insomnio
- Nudo en el pecho
- Falta de aire
- Tensión constante
- Sensación de estar desconectado
- Apatía
- Cansancio que no se va
- Dificultad para disfrutar cosas simples

No es pereza.
No es debilidad.
No es que estés fallando.
Es saturación emocional y mental.
Tu sistema nervioso está sobrecargado
y solo quiere volver a su equilibrio.

La saturación se cura soltando, no apretando

La mente saturada cree que necesita:
— pensar más,
— esforzarse más,
— controlar más,
— hacer más.
Pero lo que realmente necesita es:
menos.
Menos ruido.
Menos prisa.

Menos exigencia.

Menos carga.

Menos autoexigencia.

Menos “tengo que”.

Lo que necesitas no es más fuerza.

Es más espacio.

Nadie llena un vaso para evitar que se desborde.

Se vacía.

Para aliviar la saturación, prueba esto

1. Suelta lo que no estás sosteniendo realmente

Hay cosas que solo pesan,

pero no aportan.

2. Dedica 10 minutos al día al silencio real

Tu mente se reinicia en el silencio.

No en el ruido.

3. Reduce el ritmo cuando más quieras acelerarlo

La prisa es un grito de saturación.

4. Habla con alguien

Lo que se dice, pesa menos.

Lo no dicho se acumula.

5. Duerme

Dormir no es un premio.

Es una herramienta de sanación.

6. Haz pausas antes de que tu cuerpo te obligue a ellas

El cuerpo siempre cobra factura.

Págala antes de tiempo.

No estás fallando. Solo estás lleno.

No estás roto.

No estás estropeado.

No estás perdido.

Solo estás saturado.

Y la saturación no se arregla con culpa,

ni con exigencia,

ni con un "tengo que poder".

Se arregla con descanso,

con cuidado,

con límites,

con ternura,

con tiempo,

con verdad.

Se arregla cuando dejas de exigirte como si fueras una máquina

y empiezas a tratarte como un ser humano.

Este capítulo es un recordatorio:

No eres frágil.

Estás agotado.

Y descansar también es avanzar.

CAPÍTULO 15
APRENDE A DETENERTE

Hay días en los que no estás triste,
solo estás desconectado.
Desconectado de ti,
de tu cuerpo,
de lo que necesitas,
de lo que sientes,
de lo que te hace bien.
A veces no es que estés mal.
Es que estás lejos de ti.
Y cuando te alejas demasiado,
todo se vuelve gris.
Todo pierde sabor.
Nada emociona.
Nada te mueve.
No es tristeza.
Es ausencia.

MICROFÁBULA:
EL FARO APAGADO

Un navegante buscaba cada noche la luz de su faro

para volver a casa sin perderse en la oscuridad.

Un día, el faro se apagó.

El navegante, confundido, pensó:

— "El mar está diferente.

¿Será la tormenta?

¿Será mi barco?

¿Será que ya no sé navegar?"

Pasaron horas tratando de entender qué fallaba

hasta que finalmente, al amanecer,

vio el faro a lo lejos, apagado.

— "No era el mar", dijo.

"Era la luz que me guiaba."

A veces tú eres ese faro.

Y cuando tu luz interna se apaga,

no sabes hacia dónde ir,

y todo parece más oscuro de lo que realmente es.

No estás perdido.

Solo necesitas encenderte de nuevo.

Estar desconectado se siente así

- Te cuesta sentir entusiasmo.
- Nada te ilusiona.

- Hablas menos contigo mismo.
- Te cuesta decidir.
- Todo parece más pesado.
- Piensas demasiado, pero sientes muy poco.
- Haces cosas, pero no estás presente.

No es tristeza.

Es desconexión emocional.

Tu alma está pidiendo que vuelvas.

Desconectarte es un mecanismo de defensa

Cuando la vida te abruma,
tu mente se desconecta para protegerte.
Cuando algo duele,
te alejas por dentro.
Cuando estás saturado,
tu sistema nervioso se apaga un poco
para no colapsar.
La desconexión emocional
no es un fallo.
Es un mecanismo de supervivencia.
Solo se convierte en problema
cuando te quedas ahí demasiado tiempo.

Volver a ti no es complicado. Es lento.

Volver a ti no es un gran acto.

Es una suma de pequeños regresos:

1. Volver al cuerpo

Respirar profundo.
Estirar.
Sentir los pies en el suelo.
Habitarte.

2. Volver al presente

Hacer algo despacio.
Tomar un café sin prisa.
Escuchar el sonido del momento.

3. Volver al silencio

Apagar ruido.
Cerrar pantallas.
Estar contigo unos minutos.

4. Volver a lo simple

Una ducha larga.
Salir a caminar.
Ordenar un espacio.
Cuidar una planta.
Mirar el cielo.

5. Volver a lo que te hace sentir vivo

Música.
Movimiento.
Naturaleza.
Escritura.
Arte.
Algo que te recuerde que sigues aquí.
No es un gesto enorme.

Es un corazón que se enciende paso a paso.

No necesitas explicar lo que sientes. Necesitas sentirlo.

Hay emociones que no se entienden pensando.

Solo se entienden habitándolas.

Si fuerzas la explicación, te alejas más.

Si fuerzas la claridad, te confundes más.

La desconexión no se resuelve desde la cabeza.

Se resuelve desde el cuerpo,

desde pequeños actos de presencia,

desde darte permiso para volver lentamente.

No vuelves a ti cuando lo piensas.

Vuelves cuando te permites sentir otra vez.

Estás desconectado, no defectuoso

La desconexión hace que pienses:

"Ya no soy el mismo."

"Algo está mal en mí."

"Estoy apagado."

"No tengo motivación."

"No siento nada."

Pero no es un defecto.

Es una consecuencia.

De la exigencia.

De la saturación.

Del estrés.

Del ruido.

De no escucharte.
De olvidarte de ti.
No estás roto.
Solo estás lejos.
Y puedes volver.

Tu hogar eres tú

No importa cuánto te hayas alejado.
Siempre puedes regresar a tu centro.
A tu calma.
A tu cuerpo.
A tu verdad.
La desconexión es temporal
cuando eliges volver a ti.
Y la vida cambia
cuando vuelves a sentirte.

PARTE V
TU MEJOR VERSIÓN

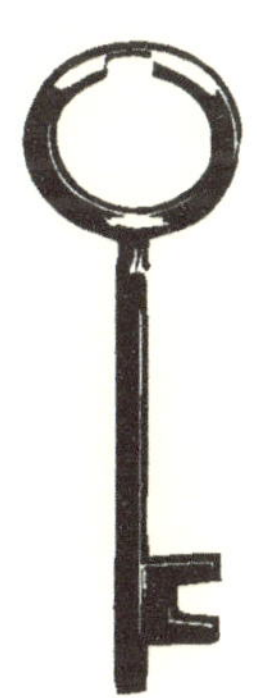

INTRODUCCIÓN PARTE V
TU MEJOR VERSIÓN

Hay un momento en el camino en el que ya no basta con sanar,

ni con entenderte,

ni con sostenerte.

Llega un punto en el que algo dentro de ti

empieza a pedir más.

No más exigencia,

sino más verdad.

No más presión,

sino más propósito.

No más lucha,

sino más coherencia.

La Parte V es ese momento.

El instante en el que ya no caminas para huir del dolor,

sino para encontrarte contigo.

El punto en el que dejas de arreglarte

y empiezas a expandirte.

Aquí ya no eres la versión que sobrevivió,

ni la versión que se reconstruyó,

ni la versión que aprendió a sostenerse.

Aquí nace la versión que **elige**.
La versión que **crea**.
La versión que **se convierte**.
Tu mejor versión no es perfecta.
No es inquebrantable.
No es invulnerable.
No es una meta lejana.
Es una manera de habitarte.
De caminar tu vida.
De mantenerte fiel a ti mismo.
En esta parte vas a aprender a sostener tu luz,
a soltarte de lo que te apaga,
a caminar con conciencia,
a elegirte sin culpa,
y a construir una vida en la que tú seas tu prioridad
sin dejar de ser humano.
Tu mejor versión no es un destino.
Es un compromiso contigo.
Una práctica.
Un pacto.
Una forma de vivir.
Aquí empieza tu expansión.
Aquí empieza tu siguiente nivel.
Aquí empiezas tú.

CAPÍTULO 16
LA MAGIA DE LA CONSTANCIA

La mayoría de las personas no fracasa por falta de talento.

Fracasa por **falta de constancia.**

La constancia no es glamourosa.

No luce en redes.

No tiene aplausos.

No es espectacular.

La constancia es silenciosa.

Es diaria.

Es incómoda.

Es repetitiva.

Y por eso es poderosa.

Porque mientras otros se rinden,

tú sigues.

Mientras otros esperan motivación,

tú avanzas.

Mientras otros hacen planes,

tú haces pasos.

La magia no está en hacerlo perfecto,

ni en hacerlo rápido.

La magia está en **no dejar de hacerlo.**

MICROFÁBULA: EL MARTILLO Y LA ROCA

Un viajero se encontró a un hombre golpeando una enorme roca.

La golpeaba una y otra vez.

Cien golpes.

Doscientos.

Trescientos.

La roca seguía intacta.

— "¿Por qué insistes?", preguntó el viajero.

— "Porque sé que va a romperse", respondió el hombre.

El viajero se quedó observando.

Al golpe número cuatrocientos cincuenta y siete,

la roca se partió en dos.

El viajero, sorprendido, dijo:

— "¡Increíble! Ese último golpe fue mágico."

El hombre sonrió:

— "El último golpe no hizo nada.

Fueron todos los anteriores."

La constancia es eso:

golpes que parecen inútiles

hasta que un día lo cambian todo.

La constancia no es disciplina perfecta.

Es volver.

La gente confunde constancia con perfección.

Cree que ser constante es no fallar nunca.

No parar.

No cansarse.

Pero la constancia real es más humana:

Es fallar… y volver.

Es cansarte… y volver.

Es dudar… y volver.

Es perder el ritmo… y volver.

La constancia no te pide que seas perfecto.

Te pide que regreses.

El poder de lo pequeño repetido

No necesitas hacer grandes esfuerzos.

Necesitas **esfuerzos pequeños sostenidos**.

Cinco minutos cada día valen más que una hora una vez al mes.

Un paso diario te lleva más lejos que correr y rendirte.

Los cambios reales no nacen de intensidad.

Nacen de repetición.

Lo pequeño + constante

vence a lo grande + inestable.

Siempre.

Constancia no es motivación: es decisión

La motivación viene y va.

La emoción sube y baja.

El ánimo cambia.

Pero la decisión permanece.

La constancia nace del compromiso,

no del sentimiento.

No te preguntas si tienes ganas.

Te preguntas si tienes propósito.

No te preguntas si te apetece.

Te preguntas si te acerca a quien quieres ser.

Es un pacto contigo:

aunque me cueste, sigo.

El enemigo de la constancia: querer resultados rápidos

La impaciencia destruye más sueños que el miedo.

Quieres ver cambios ya.

Quieres que se note.

Quieres que todos lo vean.

Quieres sentirte diferente desde el día uno.

Pero la vida funciona así:

Primero cambias tú por dentro.

Después cambia lo que te rodea.

Y solo entonces, el mundo te ve distinto.

La constancia trabaja en silencio

antes de hacerse visible.

Constancia es amor propio en acción

Si lo piensas,

ser constante contigo mismo es una forma de amor.

Es decirte:

"Creo en ti."

"Merezco este esfuerzo."

"No voy a abandonarte."

"Aunque no vea resultados hoy, sé hacia dónde voy."

La constancia no es solo hacer.

Es **cuidarte** mientras haces.

Cuando quieres rendirte, recuerda esto

— El cansancio no es señal de que no puedas.

Es señal de que estás avanzando.

— La duda no significa que no estés listo.

Significa que estás saliendo de tu zona segura.

— La lentitud no es fracaso.

Es permanencia.

— Los días malos no rompen el proceso.

Lo humano, lo real, lo que cuesta...

también cuenta.

La constancia no exige resultados diarios.

Exige presencia.

Tu mejor versión no nace de un salto.

Nace de un paso repetido.

De los días normales.
De los días sin ganas.
De los días en los que casi te rindes.
De los días en los que decides seguir,
aunque sea un poco.
Aunque sea lento.
Aunque sea imperfecto.
Ahí se construye tu magia.
Ahí se teje tu avance.
Ahí nace tu siguiente nivel.
La constancia es la diferencia silenciosa
entre quien sueña
y quien lo logra.

CAPÍTULO 17
RODÉATE DE LUZ
(Y SUELTA LO OSCURO)

La gente no cambia solo por fuerza de voluntad.
Cambia por entorno.
Por energía.
Por compañía.
Por lo que respira cada día.
Puedes tener sueños enormes,
pero si te rodeas de personas pequeñas,
tu vida se encoge.
Puedes tener una luz interna poderosa,
pero si te rodeas de oscuridad,
tu brillo se apaga.
Rodéate de luz.
De gente que suma.
De gente que inspira.
De gente que te recuerda quién eres
cuando tú lo olvidas.
Y suelta lo oscuro.
No por rechazo,
sino por respeto a tu propia vida.

MICROFÁBULA: LAS LUCIÉRNAGAS Y EL FRASCO

Un niño atrapaba luciérnagas en un frasco para verlas brillar de cerca.

Al principio se iluminaba entero con su luz.

Pero, con el tiempo, las luciérnagas dejaron de brillar.

Preocupado, le preguntó a su abuelo:

—"¿Por qué ya no brillan si siguen aquí conmigo?"

El abuelo respondió:

—"Porque la luz no fue hecha para enjaularse.

La luz, cuando no tiene aire, se apaga."

El niño abrió el frasco.

Una a una, las luciérnagas salieron.

Y entonces ocurrió algo hermoso:

al volar en libertad, brillaron aún más fuerte.

El abuelo sonrió y dijo:

—"Recuerda esto siempre:

lo que es luz, necesita espacio para brillar.

Si lo encierras, se apaga.

Si lo liberas, ilumina."

No puedes crecer en un lugar que te apaga

Tu entorno afecta:

- tu energía

- tu motivación
- tus hábitos
- tu identidad
- tu visión
- tu paz
- tu confianza

Si estás rodeado de personas que dudan de todo, tú empiezas a dudar.

Si estás rodeado de personas que se quejan, tú empiezas a quejarte.

Si estás rodeado de personas que no se mueven, tú te estancas.

El entorno es contagioso.

Para bien o para mal.

Rodéate de personas que te eleven

Rodéate de quien:

- te inspira sin envidiarte
- te corrige sin humillarte
- te acompaña sin arrastrarte
- te impulsa sin presionarte
- te escucha sin juzgarte
- te admira sin querer poseerte
- te quiere ver crecer, aunque tú crezcas lejos

La gente luminosa no tiene miedo de tu brillo.

Lo celebra.

Suelta lo oscuro, aunque duela

Hay personas que te quieren,
pero no saben quererte bien.
Hay personas que no son malas,
pero son oscuras para ti.
Te restan,
te drenan,
te confunden,
te cargan,
te frenan.
Sostenerlas no te hace bueno.
Te hace pequeño.
La vida no te pide que odies a nadie.
Te pide que aprendas a soltar
para no apagarte.
Suelta a quien:

- siempre te critica
- nunca te celebra
- te usa como desahogo
- te absorbe la energía
- no se alegra por tus avances
- te hace sentir menos
- te arrastra a su caos
- te retiene para no quedarse atrás

No por rencor.
Por respeto propio.

No todos pueden caminar contigo a tu siguiente nivel

Al avanzar, no pierdes gente.

Pierdes capas.

Pierdes versiones.

Pierdes dinámicas.

Pierdes vínculos que solo tenían sentido

en tu antiguo yo.

Y es normal.

No todos pueden acompañarte

a tu siguiente nivel.

Algunos solo cabían en capítulos anteriores.

Sé luz para ti primero

No puedes rodearte de luz

si tú sigues sosteniendo oscuridad dentro.

Sé luz para ti:

- háblate bien
- pon límites
- descansa
- cree en ti
- celebra tus pasos
- cuida tu mente
- honra tu historia
- deja de castigarte

Cuando tú brillas desde dentro,

atraes a quienes brillan también.

La luz reconoce a la luz.

Rodéate de lo que quieres convertirte

Si quieres paz,
rodéate de paz.
Si quieres crecimiento,
rodéate de personas que crecen.
Si quieres amor sano,
rodéate de amor sano.
Si quieres avanzar,
rodéate de quien avanza.
La vida se contagia.
El entorno te construye o te rompe.
Te eleva o te hunde.
Te da alas o te quita voz.
Rodéate de luz
y verás cómo tu vida empieza a brillar
de una manera que antes no podías sostener.

CAPÍTULO 18
DE TI PARA TI

Hay un momento en la vida en el que entiendes algo que duele,

pero libera:

Todos pueden acompañarte,

pero nadie puede salvarte.

Pueden apoyarte,

pero nadie puede respirar por ti.

Pueden quererte,

pero nadie puede sostener tu alma desde dentro.

Hay caminos que se recorren rodeado de gente,

pero hay decisiones que solo puedes tomar tú.

Tu dolor, tu sanación, tu avance, tu cambio, tu despertar...

todo lo importante

es de ti para ti.

Es en ese punto —cuando asumes la responsabilidad de tu mundo interno—

cuando empiezas a recuperar tu poder.

MICROFÁBULA:
LA LLAVE Y LA PUERTA
(PORTADA DEL LIBRO)

Un viajero caminó durante años buscando la puerta que, según los sabios,

solo se abría cuando uno estaba "listo".

La encontró al final de un valle silencioso:

una puerta inmensa, imponente, sellada por dentro.

Intentó empujarla.

No se movió.

Golpeó.

No cedió.

Pidió ayuda.

Nadie pudo abrirla.

Cansado, se sentó frente a ella.

Y al apoyar la mano en su pecho para calmar su respiración,

sintió algo duro bajo la ropa.

Era una pequeña llave que siempre había llevado colgada del cuello,

pero que nunca había usado.

La colocó en la cerradura.

Encajó.

La puerta se abrió sin esfuerzo.

Al cruzarla, el viajero entendió la verdad:

La puerta no se abrió cuando fuiste más fuerte,

sino cuando dejaste de buscar fuera

lo que ya tenías dentro.

Todo lo que buscas comienza dentro

Buscas amor,

pero te hablas con dureza.

Buscas fuerza,

pero te tratas como si fueras débil.

Buscas claridad,

pero no te escuchas.

Buscas paz,

pero sigues alimentando tus propias tormentas.

Buscas abundancia,

pero te tratas como si no merecieras nada.

Mientras sigas buscando afuera lo que solo nace dentro,

seguirás persiguiendo sombras.

No es que la vida no quiera darte.

Es que tú no estás presente para recibir.

De ti para ti significa esto

Significa que:

- Te eliges incluso cuando nadie te elige.
- Te sostienes incluso cuando tiemblas.

- Te das paz incluso cuando tu mente grita.
- Te hablas con respeto incluso cuando fallas.
- Te escuchas incluso cuando te cuesta.
- Te respetas incluso cuando tu pasado quiera arrastrarte.
- Te das permiso para ser quién eres sin pedir aprobación.

De ti para ti no es egoísmo.

Es **madurez emocional**.

Es **responsabilidad afectiva contigo**.

Es dejar de esperar que alguien te dé lo que siempre pudiste darte tú.

Ser inalcanzable: el nivel que nace cuando vuelves a ti

"Ser inalcanzable" no es ser frío.

No es ser arrogante.

No es ser distante.

Ser inalcanzable significa que:

- No reaccionas a todo.
- No te alteran cosas pequeñas.
- No entregas tu energía a quien no la merece.
- No dependes de validación.
- No tienes miedo a perder lo que no te suma.
- No caes en provocaciones.
- No te mueve el ruido, sino tu centro.

Carl Jung decía que *lo que te desestabiliza te revela.*

Cuando algo te saca de tu eje, no está mostrando su fuerza...

está mostrando tu herida.

Y por eso el trabajo empieza en ti.

Una persona que vive de sí para sí no reacciona.

Observa.

Respira.

Elige.

Esa calma desconcierta.

Esa estabilidad impone.

Esa energía atrae.

Y sin quererlo,

te conviertes en alguien al que nadie puede manipular,

intimidar,

desordenar,

ni arrastrar.

Te vuelves inalcanzable

porque ya no te alcanzan las viejas versiones de ti.

Soltar lo que te rompe también es de ti para ti

Hay cosas que duelen porque insistías.

No porque fueran para ti.

Personas que ya no encajan,
pero las sostienes por costumbre.
Puertas que se cerraron,
pero sigues golpeando.
Historias que ya terminaron,
pero no quieres aceptar el final.
Soltar no es perder.
Soltar es elegir tu vida.
Jung lo resumió así:
**"Lo que aceptas te transforma,
lo que niegas te somete."**
Soltar también es un acto de amor propio.
Un acto silencioso.
Un acto duro.
Pero siempre,
siempre,
un acto necesario.
Lo que te hace daño no va a dejar de hacerlo
solo porque tú lo quieras mucho.
Lo que sí cambia todo
es dejar de sostenerlo.

El silencio como poder

En un mundo donde todos hablan,
el silencio es un lenguaje superior.
El silencio:

- protege tu paz
- preserva tu energía
- fortalece tu presencia
- te hace impredecible
- te convierte en alguien difícil de manipular

No necesitas anunciar tus decisiones.

Ni explicar tus límites.

Ni justificar tus pasos.

Ni demostrar tu valor.

Lo que es verdaderamente tuyo

se sostiene en silencio.

Tu misterio no es un disfraz,

es tu respeto propio.

Tu silencio no es ausencia,

es dominio.

De ti para ti es un pacto

Un pacto con tu presente.

Un pacto con tu futuro.

Un pacto con la persona que estás empezando a ser.

Es decirte:

“No voy a abandonarte de nuevo.”

“No voy a ignorarte como antes.”

“No voy a vaciarme por encajar.”

"No voy a regalar mi energía a quien no sabe sostenerla."

"No voy a seguir viviendo desde mi herida."

Ninguna versión nueva aparece por arte de magia.

La construyes tú.

La sostienes tú.

La eliges tú.

Esta vez te eliges tú

Por eso este capítulo se llama así.

Porque este libro —en su fondo más profundo—

no es sobre éxito, metas o superación.

Es sobre volver a ti.

Sobre reconocerte.

Sobre escucharte.

Sobre recuperar tu voz.

Sobre abrazar tu historia.

Sobre restaurar tu fuerza.

Sobre dejar de huir de ti.

Este libro es una conversación contigo,

pero este capítulo es el único que tenía que escribirte así:

Directo.

Íntimo.

Real.

De ti para ti.

Tu mejor versión nace aquí

No cuando te aplauden.
No cuando te entienden.
No cuando te eligen.
No cuando todo encaja.
Tu mejor versión nace
cuando decides que tu vida es tuya.
Que tu calma es tuya.
Que tu fuerza es tuya.
Que tu proceso es tuyo.
Que tu avance es tuyo.
Cuando decides que pase lo que pase afuera...
tú vuelves a ti.
Porque todo lo que buscas,
todo lo que sueñas,
todo lo que deseas...
empieza y termina aquí:
De ti.
Para ti.

CAPÍTULO 19
CARTA FINAL: TE NECESITO EN TU MEJOR VERSIÓN

Te necesito en tu mejor versión

Esta carta no es para quien fuiste.

No es para quien intentaste demostrar.

No es para quien sobrevivió como pudo.

Esta carta es para ti.

Para el tú real.

Para el tú que estás descubriendo.

Para el tú que viene después.

Para el tú que aún no conoces del todo—pero intuyes.

Voy a hablarte sin adornos,

sin filtros,

sin miedo a incomodarte.

Porque a veces, la verdad es lo único que puede despertarte.

Te necesito en tu mejor versión.

No perfecto.

No invencible.

No siempre fuerte.

Solo verdadero.

Solo presente.

Solo tuyo.

Lo que fuiste ya no te sostiene

Has cargado demasiado.

Has vivido demasiado en automático.

Has sido demasiado duro contigo.

Te ajustaste a expectativas que nunca fueron tuyas.

Te exigiste más de lo que cualquier alma debería soportar.

Pero mira dónde estás.

De pie.

Respirando.

Reapareciendo.

Volviendo a ti.

Eso es suficiente.

Lo que fuiste no te define.

Lo que viviste no te limita.

Lo que te dolió no te rompe.

Lo que perdiste no te vacía.

Eres más fuerte, más valiente y más capaz de lo que crees.

Tu mejor versión no es un destino: es un trabajo artesanal

No llega de golpe.

No cae del cielo.

No aparece por milagro.

Se construye a diario.

En silencio.

En tus pequeñas elecciones.

En las veces que te eliges cuando nadie está mirando.

Cada vez que te respetas,

tu mejor versión avanza un paso.

Cada vez que sueltas lo que te apaga,

avanza otro.

Cada vez que vuelves a ti,

evoluciona.

Tu mejor versión no es una meta.

Es un pacto contigo.

Una forma de tratarte.

Una forma de sostenerte.

Deja de abandonarte cuando más te necesitas

Ya lo hiciste demasiadas veces:

Cuando te dolía, te alejabas.

Cuando fallabas, te castigabas.

Cuando necesitabas descanso, te exigías más.

Cuando te rompías, fingías estar bien.

Cuando gritabas por dentro, te callabas.

Pero esta vez no.

Esta vez te quedas.

Quédate contigo:

cuando duela,
cuando dudes,
cuando caigas,
cuando tiembles.
Quédate.
Porque nadie puede salvarte desde fuera
si tú te sueltas desde dentro.
Tu vida importa más de lo que crees
Importa tu historia.
Importa tu camino.
Importa tu esfuerzo.
Importa tu luz.
Y aunque lo olvides,
el mundo cambia cuando tú cambias.
No por magia.
Por coherencia.
Mientras tú despiertas,
alguien está cerrando los ojos por última vez.
La vida es hoy.
La vida es este instante.
La vida eres tú.
Valora lo que tienes.
Alguien daría todo por tenerlo.
Tu futuro te está llamando
No te llama para exigirte.
Te llama para expandirte.

Sabe lo que puedes llegar a ser.
Sabe lo que puedes crear.
Sabe la vida que puedes sostener.
Sabe la paz que puedes habitar.
Tu futuro ya te vio.
Ya te reconoce.
Ya te espera.
Solo falta que llegues.

Avanza, aunque sea imperfecto

Da el paso, aunque dudes.
Aunque te tiemblen las manos.
Aunque tengas miedo.
Aunque no te sientas listo.
La acción imperfecta
siempre vale más que la intención perfecta.
Cada paso hacia adelante
es un acto de amor contigo.
Y cada acto de amor contigo
te acerca a tu mejor versión.

Última verdad

No naciste para sobrevivir.
Naciste para vivir.
Para sentir.
Para avanzar.
Para sanar.
Para elegirte.

Para volver a ti.

Todo empieza en un solo lugar:

En ti.

Para ti.

Esta es tu carta.

Esta es tu señal.

Este es tu inicio.

Te necesito en tu mejor versión.

Y tú... también.

EPÍLOGO
UN RECORDATORIO PARA EL FUTURO TÚ

EPÍLOGO
VUELVES A TI

Un recordatorio para el futuro tú

Has llegado hasta aquí.
No por casualidad.
No por inercia.
No por simple curiosidad.
Llegaste porque algo dentro de ti
estaba listo para despertar.
Para verse.
Para escucharse.
Para volver a sí mismo.
Este libro no fue un mapa.
Fue un espejo.
Uno que no te mostró el camino,
sino la verdad.
Te sostuvo mientras atravesabas tus sombras,
tus heridas,
tus dudas,
tu mente saturada.
Pero también te acompañó por tu luz,
por tu claridad,
por tu propósito,

por tu fuerza,
por tu valentía de elegirte.
Este libro no te hizo nuevo.
Te devolvió a ti.
Lo que viene ahora no está escrito aquí
No cabe en estas páginas.
No puede.
Porque lo que viene ahora
solo puedes escribirlo tú.
Este libro termina,
pero tu historia no.
Tu crecimiento no.
Tu avance no.
Tu despertar no.
Aquí no acaba nada.
Aquí **empieza**.
Ya no eres la persona que empezó a leer
Ahora eres alguien que sabe que:
Puede.
Merece.
Importa.
Alguien que se mira con verdad.
Que se habla con respeto.
Que reconoce su luz.
Y aunque sigan existiendo días grises,
ya no caminas roto.

Ya no caminas ciego.

Ya no caminas solo.

Te tienes a ti.

Prométeme algo

Prométeme que no te abandonarás otra vez.

Que no apagarás tu luz para sostener sombras ajenas.

Que no te castigarás por sentir.

Que no te pondrás de último en tu propia vida.

Que no volverás a hablarte como enemigo.

Prométeme que te elegirás,

no solo cuando sea fácil,

sino especialmente

cuando sea difícil.

Ahora te toca vivirlo

No te apresures.

No te presiones.

No te juzgues.

Camina.

Con verdad.

Con calma.

Con presencia.

Con corazón.

Tu mejor versión no nace del esfuerzo extremo,

sino de la conciencia.

Del cuidado.

Del respeto hacia ti.

Y recuerda, por última vez:

Todo lo que buscas,

todo lo que sueñas,

todo lo que anhelas...

empieza en ti.

Y vuelve a ti.

Gracias por llegar hasta aquí.

Gracias por sostenerte.

Gracias por volver a ti.

Este no es el final.

Es tu inicio.

SOBRE EL AUTOR

Ismael González Dos Reis Pereira (1986) ha vivido una vida aparentemente normal: una infancia tranquila, una familia unida, una vida adulta estable y dos hijas pequeñas que le recuerdan cada día quién quiere ser. Pero detrás de esa normalidad había algo que siempre ardió en él: **la necesidad de avanzar**.

Exigente consigo mismo, inconformista por naturaleza, siempre sintió que la vida tenía capas más profundas que las conversaciones de pasillo o las rutinas sin alma. Desde joven se vio atraído por la idea del progreso personal, del crecimiento, de la mejora constante. No para llegar antes, sino para llegar **más consciente**.

A lo largo de los años aprendió a mirar la vida desde diferentes perspectivas: entendió que lo que vemos no siempre es lo que es, que no somos la misma versión ante todos, y que muchas veces la mayor batalla no es con el mundo, sino con uno mismo. También conoció su sombra: el orgullo, el ego, la exigencia.

Pero eligió enfrentarse a ellas.

Leyó, estudió, se cuestionó, cayó, tocó fondo y volvió a subir.

Porque cuando ya no puedes bajar más, **solo queda hacia arriba**.

Escribir se convirtió para él en un refugio, en un espejo y en una forma de sentir más profundo. Lo hacía vulnerable, pero también más libre. Descubrió que aquello que más le removía también podía ayudar a otros.

Y decidió compartirlo.

No se considera un maestro ni un gurú.

Es, simplemente, alguien que ha aprendido a escucharse, a mirarse sin filtros y a intentar ser una mejor versión para sí mismo y para los demás.

Lo mueve la ilusión, el entusiasmo y la sensibilidad de quien aprende a enamorarse de las pequeñas cosas:

una sonrisa, una mirada, una forma de ser, un paisaje, un viaje, un momento.

Y se hizo una pregunta que lo acompañó en silencio durante años:

"¿Soy feliz?"

No encontró respuesta.

Pero descubrió algo más valioso: que no buscaba felicidad...

buscaba paz.

Una paz que todavía persigue, no desde la prisa, sino desde la conciencia de que crecer, sentir y avanzar es un camino constante.

"De ti para ti" es su primera obra, escrita desde la honestidad, la vulnerabilidad y el deseo profundo de acompañar a otros en su propio despertar.

No pretende tener todas las respuestas, pero sí una verdad clara:

el camino hacia una mejor vida empieza en un lugar que siempre estuvo más cerca de lo que creías.

Empieza en ti.

MENCIONES

A MI MADRE

Gracias, mamá, por enseñarme a sentir.

Por la sensibilidad que heredé de ti, por la forma en que miras el mundo y por la delicadeza con la que siempre has cuidado a los demás.

Tu historia no fue fácil, y aun así crecí viéndote amar sin reservas, dar sin medida y poner el corazón incluso donde no había garantías.

Me enseñaste que la verdadera fortaleza nace de permitirse sentir.

Todo lo que soy por dentro lleva tu luz.

A MI PADRE

Mi mejor amigo desde mis primeros pasos.

Compañero de juegos, de crecimiento, de vida.

Trabajador incansable, ejemplo de constancia, alegría y dedicación.

Gracias por enseñarme a ser **todoterreno**.

Por darme estabilidad, fuerza, dirección y esa manera tuya de iluminar cada lugar al que llegas.

Eres el pilar, la columna vertebral y la sonrisa que sostiene a nuestra familia. Una persona cascabel.

A MI HERMANA Y A MI HERMANO

Los elegiría incluso si no me hubieran tocado.

Habéis sido apoyo incondicional, empatía, cariño y esa complicidad que solo nace cuando compartes vida, casa, historia y recuerdos.

Gracias por estar en mis días buenos, pero sobre todo en los malos, donde vuestra presencia explicaba más que cualquier palabra.

Con vosotros aprendí lo que significa sostener y ser sostenido, discutir y reconciliar, alejarse y volver, crecer en direcciones distintas sin dejar de ser familia.

Sois risa, refugio, raíces y horizonte.

La vida, con vosotros, siempre pesa menos y vale más.

A MIS HIJAS Y A SU MADRE

Hijas, con vosotras encontré el amor de una forma que no conocía.

Un amor que te cambia, que te recoloca, que te ensancha el mundo y te enseña lo que realmente importa.

Ellas me dieron una nueva visión de la vida, una razón más profunda para crecer y una versión de mí que no sabía que existía.

Y a su madre, gracias.

Por tu papel como madre, por tu entrega, por la dedicación diaria y por la forma en que cuidas lo que más quiero.

Me siento orgulloso de tu labor y del camino que hemos transitado, juntos, siempre velando por ellas y queriéndome incondicionalmente.

A LAS PERSONAS QUE ME INSPIRARON

A quien compartió conmigo una historia que nunca fue simple ni evidente,

pero sí real.

A quien caminó a mi lado en silencio, desde un lugar discreto,

pero lleno de verdad.

A quien me miró con otros ojos, viendo una versión mía que todavía estaba por nacer.

A todos vosotros/as, gracias por ser parte de mi historia.

Este libro también os pertenece.